사고력이 커지는
흥미로운 숫자 이야기

지은이 | 조영경
그린이 | 황재모

펴낸이 | 윤옥임
펴낸곳 | 브라운힐

초판 1쇄 발행 2018년 6월 25일
등록번호 제10-2428호

주소 서울시 마포구 신수동 219번지
전화 (02) 713-6253
팩스 (02) 3272-9702
ISBN 978-89-90167-96-5 값 11,000원

© 2018 by Brown Hill Publishing Co. 2018, Printed in Korea

* 잘못된 책은 구입하신 서점에서 바꾸어 드립니다.

숫자와 친해져 지력(智力)도 높이자~

지력(智力): 슬기의 힘, 사물을 헤아리는 지능. 통찰력과~이 뛰어나다.

IQ 톡톡 EQ

사고력이 커지는
흥미로운 숫자 이야기

글 | 조영경 그림 | 황재모

감수 | 김재은 (서울 광진중학교 수학교육부장)

브라운힐 주니어
BrownHillPub

머리말

여러분은 '숫자' 하면 무슨 생각이 드나요?

으~ 골치 아파,

생각만 해도 머리가 지끈지끈. 혹시 그렇게 생각하고 있나요?

하지만 우리가 아침에 일어나서 저녁에 잠자리에 들 때까지, 얼마나 많은 숫자들과 만나는지 모릅니다. 아침에 일어나자마자 시계를 보고, 몇 미터를 걸어 학교에 간 다음, 몇 학년 몇 반인지를 보고 교실에 들어갑니다.

그뿐만 아니라 학교에서는 몇 학년 몇 반 몇 번이라는 숫자 이름을 가지고 있으며 동시에 주민등록 번호라는 이름을 가지고 있어요. 물건을 살 때 역시 숫자로 계산하고 친구에게 숫자로 전화를 합니다.

이렇듯 여러분 주위에는 많은 숫자들이 있어요.

숫자와 여러분은 아주 친한 사이랍니다. 그런데 숫자만 보면 머리가 아프다는 것은 말도 안 되죠.

숫자는 재미있습니다. 간단해 보이지만 많은 뜻을 숨기고 있어요. 그 비밀을 하나씩 풀어가다 보면 숫자의 신기한 매력에 빠져들 거예요.

이 책에는 여러분이 잘 알고 있는 숫자에 대한 이야기를 풀어 놓았습니다. 그리고 도형 이야기도 함께요.

물론 이 책의 숫자와 도형이 모든 수학을 말하는 것은 아니에요. 하지만 생활 속의 숫자에 대한 이야기, 규칙을 알게 되면 수학에 대한 관심을 충분히 가질 수 있게 될 것입니다.

다시 한 번 주의를 살펴보세요. 많은 숫자들이 많은 이야기를 가지고 여러분 주위에 몰려 있답니다.

지은이 **조영경**

차례

발견 숫자1.. 바코드에 숨은 숫자...10

발견 도형.. 벌집은 왜 정육각형일까?...14

발견 숫자2.. 복사지의 크기에 숨은 숫자...16

흥미로운 숫자.. 역사 속의 숫자...20

발견 숫자3.. 4년마다 대한민국!...22

발견 도형.. 나팔꽃의 덩굴...25

발견 숫자4.. 날짜 변경선...27

흥미로운 숫자.. 마방진...31

발견 숫자5.. 십팔번...32

발견 도형.. 뫼비우스의 띠...34

발견 숫자6.. 늘 같은 시간을 가리키는 광고 속 시계...36

흥미로운 숫자.. 테러와 숫자...38

발견 숫자7.. 백팔번뇌...40

발견 도형.. 파라볼라 안테나...42

발견 숫자8.. 아이큐의 숫자...44

발견 숫자9.. 행운과 불행의 숫자...47

흥미로운 숫자.. 광고 속 숫자...50

발견 숫자10.. 튀는 달 2월 달력...52

발견 도형.. 모기향 소용돌이...56

발견 숫자11.. 라디오 주파수와 텔레비젼 채널...57

흥미로운 숫자.. 황금비율...60

발견 숫자12.. 구구단은 왜 구구단일까?...62

발견 도형.. 맨홀 뚜껑...65

- - - - - - - - - - -

발견 숫자13.. 내 시력은 마이너스?...66

재미있는 숫자디자인.. 상상도 할수없는 큰수, 작은수의 단위1...69

발견 숫자14.. 보신각 종 33번 타종의 의미...70

재미있는 숫자디자인.. 상상도 할수없는 큰수, 작은수의 단위2...73

발견 숫자15.. 3분 라면 컵라면...74

발견 도형.. 바퀴는 원 모양이다...76

발견 숫자16.. 싸게 많이 판다?...78

흥미로운 숫자.. 미스테리 속의 숫자...81

발견숫자17.. 차원이 다른 세계...82

발견 도형.. 축구공은 구(球)가 아니다...85

발견 숫자18.. 주민등록번호...86

흥미로운 숫자.. 소설 속의 숫자...89

발견 숫자19.. 신용카드의 숫자...91

발견 도형.. 보온병은 왜 원기둥인가?...94

발견 숫자20.. 운동 선수들의 번호...96

흥미로운 숫자.. 옛말 속의 숫자...100

발견 숫자21.. 약은 꼭 식후 30분에 먹어야...102

흥미로운 숫자.. 같은 숫자 다른 느낌...104

발견 숫자22.. 모니터와 스크린 비율...106

흥미로운 숫자.. 몸으로 재는 단위...108

발견 숫자23.. 아홉수를 조심하라!...110

발견 도형.. 바이오리듬...112

차례

발견도형.. 종이컵에 담긴 비밀...113
발견 숫자24.. 몸으로 느끼는 숫자들...114
흥미로운 숫자.. 대통령과 숫자...118
발견 숫자25.. 666...120
흥미로운 숫자.. 수의 의미...122
발견 숫자26.. 전자 계산기와 전화기 버튼의 숫자...124
발견 도형.. 터널은 모두 달걀형...127
발견 숫자27.. 한 상자 다른 개수...128
흥미로운 숫자.. 전화번호 4자리...132
발견 숫자28.. 마라톤...134
흥미로운 숫자.. 몸에 숨어있는 숫자...136
발견 숫자29.. 카메라 조리개...138
흥미로운 숫자.. 영화필름...142
발견 숫자30.. 숫자와 인생...144
발견 도형.. 피타고라스 학파의 오각형...146

발견 숫자31.. 우편번호...148
흥미로운 숫자.. 명절에 숨은 숫자...151
발견 숫자32.. 일기예보...152
재미있는 숫자마술.. 친구네 전화번호를 알아 맞추는 마술...15
발견 숫자33.. 밥상 위의 숫자...156
흥미로운 숫자.. 일주일은 7일...158

발견숫자34.. 국가번호...16

재미있는 숫자마술.. 친구생일 맞추기...16

재미있는 숫자디자인1...16

발견 숫자35.. 보석 속에 숨은 숫자...16

재미있는숫자마술..마음속 숫자 맞추기...17

발견 숫자36.. 비밀 첩보원들의 숫자...17

재미있는 숫자디자인2...17

발견 숫자37.. 오선지...17

재미있는 숫자디자인2...17

발견 숫자38.. 야구는 왜 9회 까지일까?...180

흥미로운 숫자.. 기하급수적으로 늘어나는 숫자...182

독서록...184

발견숫자 1 　바코드에 숨은 숫자

옛날엔(몇일전) 이랬는데...

바코드 인식기를 들여논 지금은...

바코드란?

사람에게 이름표가 있듯이 물건에도 이름표가 있습니다. 언제 어디서 태어났고 무엇에 쓰는 물건인지 말이죠. 검은 막대기에 복잡한 숫자가 쓰여진 **물건의 이름표는 바로 '바코드' 입니다.**

'막대(bar) 부호(code)' 라는 뜻의 바코드는 제품을 하나하나 컴퓨터에 입력하는 것이 번거롭기 때문에 한 번에 많은 정보를 입력하기 위해 개발된 것이죠. 우리가 구입하는 물건의 대부분에는 이 바코드가 찍혀있습니다. 연필, 공책, 책, 과자, 옷, 신발 등 바코드가 없는 제품을 찾기가 힘들 정도예요.

바코드는 숫자로 이루어져 있습니다. 숫자들은 다시 스캐너가 인식하기 쉽도록 굵기가 서로 다른 검은색과 흰색 막대기로 나타낸 것이며, 대부분 열세 자리로 이루어져 있어요.

가장 앞의 세 자리는 제품을 만든 나라를 뜻합니다. 우리 나라는 880번이에요. 그리고 다음 네 자리는 제조업자를 말합니다. 그 뒤의 다섯 개는 어떤 상품인지 나타내고 마지막 남은 숫자는 '체크숫자' 입니다.

바코드의 숫자는 일정한 식으로 계산했을 때 10의 배수가 나오게 되어 있습니다. 슈퍼나 대형할인매장에서 많은 물건을 샀을 때, 혹시라도 기계가 바코드를 잘못 읽으면 어쩌나 걱정했다면 안심하세요. 만약 기계가 바코드를 잘못 읽으면 바코드 숫자로 확인하는 과정에서 "삑!"하고 소리가 날 테니까요.

바코드란?

예를 들어 '8801237522783'이라는 숫자의 체크숫자를 확인해 볼까요.

우선 마지막 체크숫자를 뺀 열두 자리 숫자 가운데 홀수 번째에 있는 수를 더하고 짝수 번째 자리에 있는 수를 더해, 3을 곱하세요. 이 두 값에 체크숫자를 더하면 10의 배수가 됩니다.

홀수 번째 8+0+2+7+2+7 = 26
짝수 번째 (8+1+3+5+2+8)×3 = 81
26+81=107
마지막 숫자가 '3'이므로 107+3=110.
딱 10의 배수가 되죠?
바코드는 이렇듯 모두 10의 배수가 나온답니다.

바코드의 색깔은 거의 검은색입니다.

그 이유는 스캐너가 바코드에 빛을 쪼이면 검은 막대기는 빛을 흡수하고 흰 막대기는 빛을 반사하며 읽기 때문입니다. 만약 바코드가 알록달록한 색깔이면 빛을 제대로 반사하거나 흡수하지 못하기 때문에 스캐너가 제대로 읽을 수 없답니다.

그리고 바코드에는 상품에 대한 코드 번호만 입력되어 있어요. 가격, 크기, 무게 등의 정보는 들어 있지 않습니다. 미리 컴퓨터에 프로그램을 입력해야 바코드에 대한 정보를 읽을 수 있습니다. 우리가 물건을 샀을 때 계산기에 가격과 물건의 종류와 수량 등이 찍히는 것은 미리 컴퓨터에 프로그램을 깔았기 때문이에요.

물건을 구입하는 가게뿐만 아니라 병원의 환자를 관리하는 카드, 도서관의 책, 그리고 우체국의 우편물 등 많은 양의 데이터를 빠르고 정확하게 처리하기 위해 바코드는 많은 분야에서 이용되고 있습니다.

2차원 바코드

바코드가 지금까지는 막대 모양의 1차원 바코드가 대부분이었지만, 최근에는 가로 방향과 세로 방향에 정보를 담은 2차원 바코드가 개발되었습니다.

당연히 1차원 바코드보다 훨씬 많은 정보를 담을 수 있죠. 한글, 영어, 특수 문자 등 3천 여 개의 문자를 저장할 수 있고, 사진이나 간단한 소리까지 입력할 수 있다고 해요.

벌집은 왜 정육각형일까?

먼 옛날 그리스의 수학자 '파퍼스'는 벌집에 대해 이런 말을 했습니다.

"꿀벌은 신들의 음식인 꿀을 천국에서 사람에게 날라다 준다. 이 귀한 꿀을 함부로 저장하는 것은 옳지 않아, 꿀벌은 꿀을 붓기에 알맞은 그릇을 만들었다. 그 그릇은 어떠한 불순물도 끼지 않도록 서로 빈틈없이 이어진 형태이다."

위의 말대로 평면에 빈 공간 없이 꽉 차게 일정한 모양으로 연결할 수 있는 정다각형은 정삼각형, 정사각형, 정육각형뿐입니다. 내각 하나가 60도인 정삼각형은 여섯 개가 모이면 딱 360도가 되고, 한 내각이 90도인 정사각형은 네 개가 모이면 꼭 맞는 360도가 되죠.

그리고 한 내각이 120도인 정육각형은 세 개가 모이면 빈틈없는 360도가 됩니다.

그런데 정삼각형의 경우는 공간이 그다지 넓지 않습니다. 정사각형은 외부에서 힘을 주면 자칫 옆으로 밀려 찌그러지기 쉬워요. 그에 반해 **정육각형은 많은 면이 닿기 때문에 서로 버티는 힘이 되어 주고, 또한 넓은 공간을 만들 수 있습니다.** 그리고 재료도 적게 듭니다. 적은 재료로 튼튼한 구조에 많은 꿀을 담을 수 있기 때문에 벌집의 모양이 육각형인 것입니다.

벌집의 생김새에 힌트를 얻어 사람들은 비행기 날개를 벌집과 같은 구조로 만들었습니다. 벌집 모양으로 구조물을 만들면 속은 비어도 강도가 높고 가벼운 데다가 재료로 적게 드니까요.
　이렇듯 벌집은 모양이 예쁠 뿐만 아니라 수학적이고 과학적인 비밀이 숨어 있답니다.

발견숫자 2 복사지의 크기에 숨은 숫자

 도서관에서 숙제를 하다가 필요한 자료를 복사해야 했다. 사서 선생님에게 물어보니 자료 복사를 하는 것이 셀프라고 했다. 나는 복사할 자료를 잔뜩 들고 쭈뼛쭈뼛 복사기 앞에 섰다.
 "흠, 무슨 버튼이 이렇게 많아? 복잡하네."
 기계 앞에서 약해지는 나. 주위 눈치를 보며 앞에 형이 하는 것을 따라서 책을 놓고 초록 버튼을 눌렀다.
 "뭐야, 쉽잖아. 괜히 떨었네."

 나는 첫 번째 책을 복사하고 두 번째 책을 복사기에 올려놓았다. 그런데 이번에는 처음과 다르게 책이 반 토막으로 복사되는 것이다.

"으갸갸, 이게 뭐야."

다시 해 봤지만 역시 반 토막. 책을 이리 놓고 저리 놓고 해 봐도 역시 반 토막이다. 이렇게 계속 하다가는 복사비만 낭비할 것 같았다. 결국 앞에 있던 형에게 도움을 청하는 수밖에.

"저기요, 형. 이거 어떻게 복사하는 거예요?"

그러자 형은 책 크기를 보더니 친절하게 가르쳐 주었다.

"B4 크기의 책을 A4 용지에다 하니까 그렇지. 용지 선택을 새로 해야해. B4 책은 A4 용지에다 하면 두 번씩 해야하거든. 그러면 복사 시간도 많이 걸리고 복사비도 많이 들어."

형은 친절하게 이것저것 설명해 주는데, 허걱! 머리 속에서 알파벳은 알파벳대로, 숫자는 숫자대로 섞여 버리고 말았다.

내가 멍 하니 있자 다시 형이 처음부터 다시 설명해 주었다.

"모르겠어? 이 크기는 A4고 이 크기는 B4야. 그러니까……."

도대체 누가 A4니 B4니 하고 정한 거야?

종이에 숨은 숫자

A4의 크기는 가로 세로가 210mm와 297mm입니다. 10단위로 떨어지는 것도 아니고 그렇다고 별 의미가 있는 것 같지도 않은 크기죠. 하지만 여기에는 **엄청난 절약 정신이 숨어 있답니다.**

제지소에서 만든 큰 규격의 전지를 절반으로 자르고 또다시 절반으로 자르다 보면, 나중에는 가로 세로의 비율이 다른 종이가 만들어져요. 예를 들어 가로 200mm 세로 300mm의 비율은 1 : 1.5입니다. 언뜻 생각하기에 이 종이를 반으로 자르면 100mm와 150mm의 종이가 될 것 같은데, 실제로는 가로 150mm 세로 200mm인 종이가 됩니다. 그러면 종이 비율이 1 : 1.333이 되죠. 처음 종이 크기와 닮은꼴이 아닌 새로운 비율의 종이가 되어 일정한 비율이 되기 힘듭니다.

그런데 '성냥불 하나를 켜도 일곱 사람이 담뱃불을 붙인다'는 말이 있을 정도로 알뜰한 독일 사람들이 어떻게 하면 큰 전지를 보기에도 좋고, 자투리도 없이 경제적으로 종이를 자를 수 있을지 연구했습니다. 그렇게 해서 1189mm×841mm 크기의 전지가 만들어졌고, **이 종이는 계속 반으로 잘라도 맨 처음의 1:1.414 비율대**

> A 용지보다 B 용지가 조금 더 커요.

로 종이를 자를 수 있습니다.

 A4 규격을 만들기 위한 맨 처음의 전지는 A0의 크기입니다. 이 종이를 반으로 자르면 A1, A2, A3, A4 이름이 붙는데, 여기에 숫자 1, 2, 3, 4는 A0을 몇 번 잘랐는지를 나타내요. 복사 용지로 많이 사용하는 A4는 A전지를 네 번 자른 것이고, A3는 세 번 자른 것입니다. 그러니까 A3는 A4의 두 배가 되는 거죠.
 B로 시작하는 종이 역시 B전지를 몇 번 자르는지에 따라 정해져요. B5라고 하면 B전지를 다섯 번 자른 것입니다.

흥미로운 숫자 역사 속의 숫자

 백제는 신라와 당나라 연합군의 침공을 받아 계백 장군의 황산벌 싸움을 마지막으로 멸망했습니다. 한때는 찬란한 문화를 꽃피우고 고구려와 함께 신라를 위협할 정도로 기세를 자랑하기도 했지만 의자왕을 마지막으로 역사 속으로 사라졌죠.

 의자왕은 용감하고 마음도 너그러운데다가 나라를 위해 직접 전쟁터에도 나가는 등 많은 백성들에게 존경받는 왕이었습니다. 그런데 나중에는 나라를 잘 돌보지 않아 결국 백제를 멸망하게 했어요.
 그 때 수도 사비성에 있던 궁녀 3천 명이 당나라의 군사를 피해 낙화암에서 백마강으로 몸을 던졌습니다. 그런데 정말 3천 궁녀가 낙화암에 몸을 던졌을까요?

 옛날 백제의 수도 사비의 크기와 사람 수를 분석해 보면, 사비성에 3천 명의 궁녀가 살았다는 것은 불가능하다고 해요. 당시 전체 인구가 5만 명이었고, 그 가운데 여성의 비율을 따져보면 젊은 여성 다섯 명 가운데 한 명이 궁녀인 셈이 됩니다. 상식적으로 이해하기 어려운 숫자죠. 또 궁궐도 3천 명의 궁녀가 머물 만큼 크지도 않았고요.

 옛날 역사를 기록해 놓은 '삼국유사'에도 낙화암에서 궁녀가 떨어졌다는 전설은 있어도 그 수가 3천 명이라는 이야기는 없습니다.

 다만 훗날 '구름처럼 많은 궁녀'들이 낙화암에서 떨어졌다고 해서 '3천'이라는 말을 쓰기 시작했어요. 그것이 입에서 입으로 전해지면서 낙화암에서 떨어진 궁녀가 3천 명이라고 알려지게 된 것입니다.

발견숫자 3 **4년마다 대한민국!**

4년마다 대한민국

먼 옛날 고대 그리스에서는 여러 신을 섬기던 각 도시 국가의 시민들이 4년에 한 번 올림피아로 몰려들어 신전에 참배하며 제례를 지냈습니다. 그리스에서는 태음력을 사용했는데, 태음력은 8년을 하나의 주기로 여겼어요. 그런데 8년은 너무 길다 해서 4년마다 올림픽을 열게 되었죠. 당시 올림픽 경기는 종교, 예술, 군사 훈련 등이 함께 어우러져 있었습니다.

그러다가 1894년에 프랑스 소르본 대학에서 열린 국제스포츠대회에서 '피에르 쿠베르탱'의 주장으로 근대 올림픽이 시작되었죠.
당시에는 '프로이센 프랑스 전쟁'에서 패해 사기가 떨어진 프랑스 청소년들에게 새로운 희망과 용기를 북돋아 주고, 아울러 올림픽이라는 스포츠 제전을 통하여 세계 각국 청소년들이 우정을 다지고 세계 평화를 이룩하려는 데 있었습니다. 그래서 1896년 제1회 올림픽이 그리스의 아테네에서 개최되었습니다.

그런데 올림픽은 순수한 아마추어들만 참석할 수 있었습니다. 요즘처럼 프로 선수들은 참가할 수 없었어요. 축구계에서 프로 선수들도 올림픽에 참가할 수 있게 했는데, 올림픽 위원회는 거절했어요.

그러자 축구계에서는 아마추어와 프로를 가르지 않고 세계 최강의 팀을 가리는 대회를 열기로 했습니다. 바로 '월드컵'이에요.
월드컵은 올림픽이 열리지 않는 중간에 열기로 하면서, 올림픽과 마찬가지로 4년에 한 번씩 열게 되었습니다.

4년마다 대한민국

제1회 월드컵 대회는 1930년 우루과이에서 처음 개최되었습니다.

겹치지 않게 대회를 치르다 보니 올림픽과 월드컵이 교대로 2년에 한 번 꼴로 세계 최강을 가리는 대회가 열리는 것입니다.

메 모

 ## 나팔꽃의 덩굴

나팔꽃은 여름이면 나무나 기둥을 감고 올라가 나팔 모양의 여러 가지 색깔의 꽃을 피웁니다. 영어로 '모닝글로리' 라는 말처럼 이른 아침에 피었다가 저녁 때 지는 꽃이죠.

막대나 나무 등을 왼쪽으로 감으면서 뻗어 가는 나팔꽃은 가냘픈 덩굴로 2m정도 자랍니다. 기를 쓰고 덩굴을 감아 올라가는 이유는 햇볕을 많이 받기 위해서예요.

그런데 나팔꽃 덩굴은 각이진 것은 타고 올라갈 수 없고 원통 모양을 나

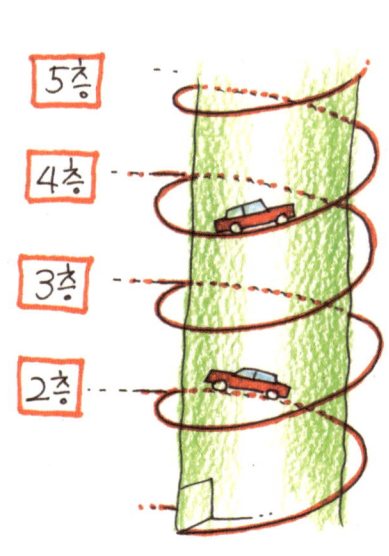

선형으로 감고 올라갑니다. 그리고 빙글빙글 올라가는 모양이 꽤 길어 보이지만 알고 보면 나팔꽃은 영리하게도 최단 거리를 이용해 덩굴을 감는 것이랍니다.

 그림을 보면 이해가 빠를 거예요.

 원통을 멀리 감고 올라간 듯이 보여도 원통을 펼쳐 놓으면 결국 나팔꽃 덩굴은 직선으로 원통을 감고 올라간 것입니다.

 사람들은 자연의 지혜를 배웁니다. 나팔꽃 덩굴의 나선형은 건물 주차장에서 쉽게 찾아 볼 수 있어요. 대형 할인매장이나 백화점 가운데 주차장이 지하나 실외 옥상에 있는 경우, 자동차는 나선형 경사길을 내려가거나 올라갑니다.

 올라갈 때는 길고 멀리 느껴지지만, 실제로 자동차의 핸들을 조금씩 비틀며 나선형 경사길을 올라간 것이나 경사진 똑바로 된 길을 올라가는 것이나 그다지 차이가 없습니다. 만약 주차장까지 가는 길이 쭉 직선으로 되어 있다면 많은 공간을 차지해야 하므로 비경제적입니다.

 좁은 공간을 최대한으로 활용할 수 있는 나선형 주차장은 나팔꽃 덩굴의 지혜를 이용한 것입니다.

발견숫자 4   날짜 변경선

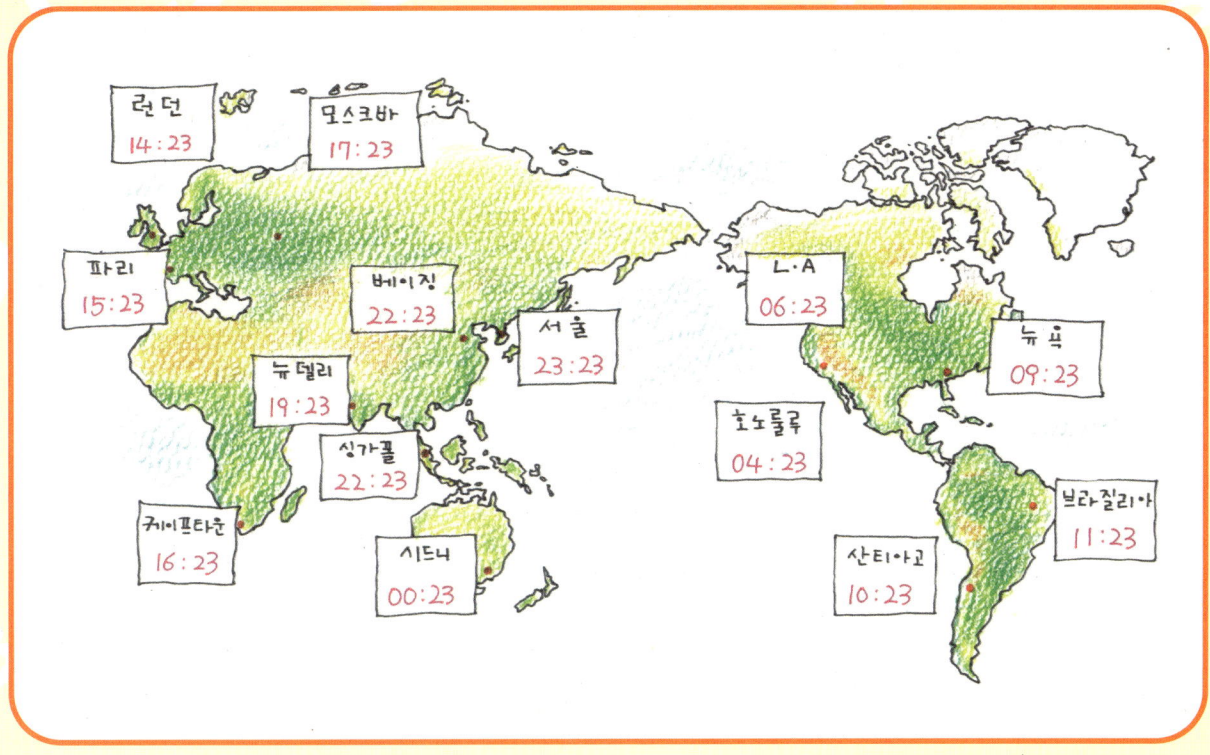

할머니 할아버지가 해외 여행을 다녀오셨다. 할아버지 생신이라서 친척 분들이 효도 관광을 보내드린 것이다.

흠~, 난 언제 비행기를 타보나.

그런데 할아버지가 올해 생일을 두 번 치르셨다며 좋아하셨다.

분명히 아침에 케이크를 자르고 오후 비행기를 타셨는데 13시간 후 L.A에 도착해서 또 생일 케이크를 자르셨다니.

"크하하하, L.A에 도착해서 식당에 갔는데 내가 생일이라고 했더니 거기 종업원들이 축하한다면서 노래를 불러 주더라고. 그랬더니 식당 안에 있던 외국 손님들까지 해피버스데이 투유 하고 난리였다."

"그러셨어요, 아버님. 좋으셨겠어요. 한국에서 미국에서 생일 파티를 아주 잘 하셨네요."

아빠도 할아버지 말씀에 웃으면서 대답했다.

"그러게 말이다. 너희들이 해외 여행을 보내주는 바람에 생일상도 두 번이나 얻어먹고, 고맙다."

할아버지는 계속 허허 웃으면서 고맙다고 하셨다.

그 말을 듣고 내가 말했다.

"에이, 생일은 지난 다음에 하는 거 아니라면서요. 미국에서 생신은 하루 지난 거니까 무효예요."

그러자 할아버지가 두 손을 저었다.

"아니야, 아니야. 진짜 이 할아버지 생일이었어. 도착한 날이 11월 25일이었다고."

에? 이상하다. 어떻게 11월 25일이 두 번일 수 있지?

비행기에서는 시간이 안 흐르나?

'80일간의 세계 일주' 라는 이야기 아나요? 영국 신사 '필리어스 포그' 는 어느 날, 친구들과 지구가 넓은지 좁은지에 대해 이야기를 나누었습니다. 그러다가 80일이면 세계 여행을 하기에 충분하다며 친구들과 많은 돈을 걸고 내기를 합니다. 그리고 하인과 함께 온갖 수단과 방법을 동원해 세계 여행을 하고, 결국 날짜변경선 덕분에 무사히 80일만에 세계 일주를 마쳤다는 내용이지요.

지구본을 보면, 영국의 그리니치 천문대를 통과하는 경선 0도를 중심으로 동쪽으로 동경 180도, 서쪽으로 서경 180도 경선이 그어져 있습니다. 이 경선을 보면 각 나라의 시간 차이를 쉽게 알 수 있어요.

지구를 한번 도는 각도가 360도이지요. 그리고 하루는 24시간이니까 360÷24=15, 즉 15도마다 1시간 정도의 시간 차이가 생기는 거죠.

우리 나라와 런던의 시간 차이를 계산해 보면, 런던은 경도 0도이고 우리 나라는 동경 135도입니다. 두 곳의 차이는 135도이므로, 135를 15로 나누면 135÷15=9. 즉 런던은 우리 나라와 9시간 차이가 나게 되는 거예요.

비행기에서는 시간이 안흐르나?

그런데 지구가 자전을 한다는 점을 염두 해 두지 않으면 큰 착오가 생깁니다. 이론적으로는 만약 동경 135도인 우리 나라에서 1월 1일 0시일 때, 150도에서는 1일 1시, 165도에서는 1일 2시가 되며, 계속 동쪽으로 돌아 그리니치에서는 1일 15시, 다시 동쪽으로 나아가 동경 120도에서는 1일 23시가 되고 그런 식으로 하다보면 한국은 2일 0시가 되고 말아요.

이러한 모순을 없애기 위해 경도 180도 부근에 사람이 살고 있는 육지를 피해서 날짜변경선을 설정했어요. 이 선을 중심으로 동쪽과 서쪽이 날짜가 바뀌게 됩니다.

날짜변경선은 직선이 아니라 삐뚤삐뚤해요. 섬 때문이에요. 같은 섬에 살면서 시간이 차이가 나면 불편할 거예요. 그렇기 때문에 섬을 한 선에 놓다 보니 날짜변경선이 직선이 아니게 된 것입니다.

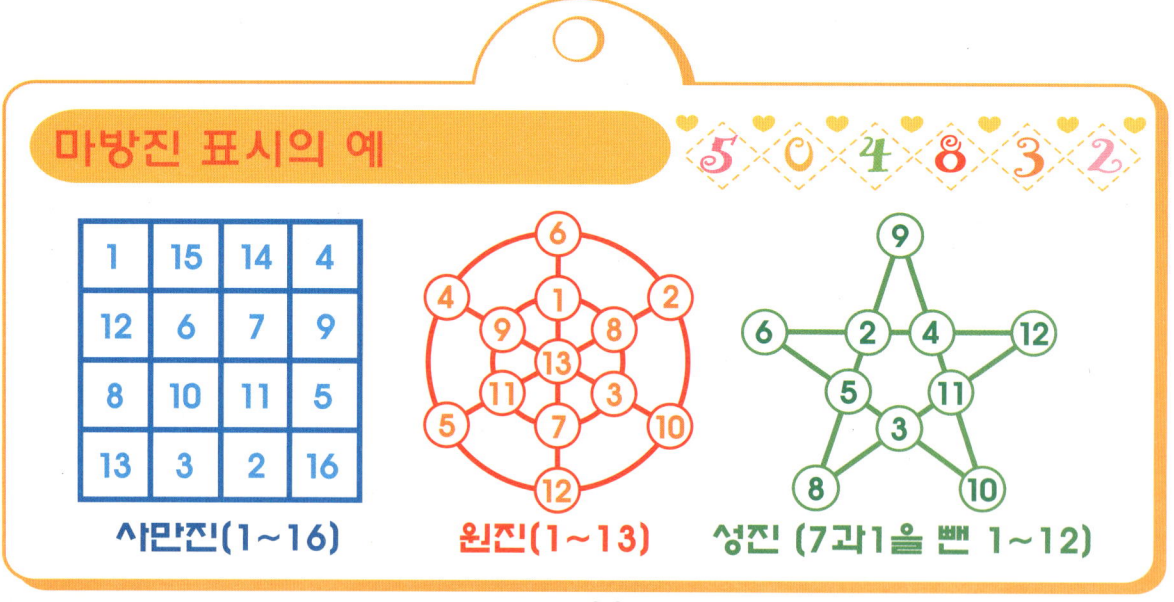

미로운 숫자 마방진

BC. 4000년경 중국 하나라 우왕 때의 일입니다.

중국에서는 예로부터 훌륭한 임금이 날 때마다 좋은 징조가 나타난다고 해요. 우 임금 때도 그러했는데, 황하의 홍수를 막기 위해 제방 공사를 하는 중에 등에 이상한 무늬가 있는 거북이를 발견했습니다. 그리고 여러 가지 궁리 끝에 그 무늬가 숫자를 나타낸다는 것을 알았죠.

자연수를 정사각형 모양에 반복되지 않도록 배열해서 그 숫자를 더한 값이 가로 세로 그리고 대각선까지 같게 만들어진 것입니다. 그것을 '마방진'이라고 해요.

마방진에서 '방진'은 정사각형을 의미하며 '마'는 악마를 물리친다는 것을 뜻해요. 악마가 마방진을 봤을 때 어느 방향으로 더해도 같은 수가 나와 눈이 빙빙 돈다는 것으로, 중국에서는 대문이나 방문에 붙였습니다. 뿐만 아니라 운을 점치기도 하고 절에서도 부적으로도 쓰였다고 해요. 유럽에서도 한 때 점성술의 대상이 되었으며, 마방진을 새긴 부적 등이 만들어지기도 했어요.

우리 나라에서는 조선 시대 숙종 임금 때 '최석정'이 9차 마방진을 만들어 '구수략'이라는 책에 실었다고 합니다.

마방진의 모양을 약간 바꾸어 원진, 성진 등 여러 종류가 있습니다.

십팔번은 잡초가 아닌데요?

우리 나라에 마당극이 있다고 하면 일본에는 '가부키'가 있습니다. 음악과 춤, 그리고 화려한 분장과 무대가 어우러진 일본 전통 연극입니다.

400년 넘게 전통을 이어온 가부키는 일본이 자랑하는 전통 예술 가운데 하나입니다. 긴 세월동안 많은 우여곡절을 겪어, 처음에는 가부키가 풍속을 문란하게 한다고 해서 공연을 하지 못하게 하기도 했습니다. 그래서 여자 배우가 무대에 설 수 없어 젊은 남자가 여자 옷을 입고 연기를 하기도 했습니다. 나중에는 그마저 할 수 없어서 나이든 남자가 여자 역할을 해야만 했어요.

그런데 17세기 무렵에 '이치가와 단주로'라는 가부키 배우가 18가지의 기예를 무대에 올린 적이 있습니다. 그 가운데 이 배우가 가장 자신있게 했던 것이 마지막의 '18번'이었어요.

그 후로 사람들은 자신이 가장 잘하는 것을 '18번'이라고 부르게 되었고, 그 말이 우리 나라에 건너오면서 '애창곡'의 뜻으로 쓰이고 있습니다.

외국의 말이 무조건 나쁜 것은 아니지만 '애창곡' 또는 '장기'라는 우리 나라 말이 있는데 굳이 남의 나라 말을 쓸 필요는 없겠지요.

말은 생각을 지배하기 때문에 아무렇지 않게 내 뱉는 것도 그 나라의 정서와 문화의 영향을 받고 우리 것을 잊기 마련입니다.

이제는 '18번'이라는 말보다는 '애창곡'이라는 말을 사용하는 것이 좋겠습니다.

뫼비우스의 띠

 뫼비우스의 띠는 독일의 수학자 '뫼비우스'가 만든 신기한 띠를 말합니다.
 당시 사람들은 앞면이 있으면 뒷면이 있다고 믿었어요. 뫼비우스는 그것에 의문을 가졌습니다.

 정말 한 쪽 면만 있는 것은 존재할 수 없을까? 그렇게 연구한 끝에 발견한 것이 안팎이 따로 없는 '뫼비우스의 띠' 입니다.

긴 직사각형 종이를 양쪽 끝을 잡고 한 번 비틀어 붙인 후, 연필로 선을 그어보세요. 분명히 바깥 면에서 출발한 것이 안쪽 면에서 끝나게 됩니다. 그리고 다시 한 바퀴 돌면 원래 자리로 돌아오지요.

 뫼비우스 띠가 뭐 그리 대단할까 하지만, 우리 주변에 뫼비우스의 띠를 활용한 곳이 많답니다.
 우선 롤러 코스터를 들 수 있어요. 만약 뫼비우스 띠를 응용하지 않았다면 우리는 레일 바깥쪽만 돌게 되겠죠. 하지만 레일 안쪽을 돌면서 몸이 거꾸로 서는 짜릿함을 맛보고 나중에는 원래대로 레일 바깥쪽에 있게 됩니다.

 그리고 방앗간 역시 뫼비우스의 띠를 응용한 거예요. 벨트를 그런 식으로 만들면 안팎이 고르게 닳고 경제적으로 오래 사용할 수 있습니다.

발견숫자 6   늘 같은 시간을 가르키는 광고 속 시계

　우리 할아버지 손목시계는 아주 오래된 거다. 할아버지가 손목시계를 볼 때마다 눈을 찌푸리시는 것은 단순히 눈이 나빠서가 아니다. 유리도 두껍고 여기저기 상처도 많아서 내가 보기에도 시침 분침을 제대로 보기 어렵다.
　요즘은 시계가 그리 비싸지 않지만, 할아버지가 젊었을 때만 해도 꽤 돈이 있는 사람들이나 시계를 찼다고 한다. 그 때 기분을 그대로 느끼고싶으신 건가? 어쨌든 보다 못한 아버지가 할아버지를 모시고 시계방에 가서 새 손목시계를 사 드리기로 했다.
　그런데 한창 시계를 고르시던 할아버지가 쯧쯧쯧 하고 혀를 차시더니 그냥 나오셨다.
　"어째 시계방의 시계들이 하나도 시간이 맞는 게 없냐? 나쁜 사람들 같으니라고. 노인네라고 그냥 고장난 것을 팔아먹으려 들다니!"
　아빠와 내가 무슨 말씀인가 해서 고개를 갸웃거렸다.
　도대체 할아버지가 왜 그러신 걸까?

아직도 10시 8분이야

10시 8분 40초.
 광고에 등장하는 시계 바늘이 있는 시계는 대부분 같은 시각을 가리키고 있습니다. 깨끗하게 정각 12시나 길쭉하게 6시를 가리키면 더 멋있을 것 같은데 어느 시계나 가리키는 시각은 같습니다.

 그 이유는 우선, 10시 8분을 가리키고 있으면 바늘이 V자가 되면서 시계의 브랜드 이름이 잘 보이기 때문입니다. 그리고 바늘이 모두 위로 향하고 있어서 왠지 생동감 있는 모습을 나타내죠.
 또 초침은 어디에 두는가에 따라 전체적인 균형이 맞거나 기울거나 하게 됩니다. 보기에 이왕이면 짧은 바늘에 가까운 것이 긴 바늘에 가까운 것보다 안정된 느낌을 주어 그 위치가 40초가 되는 것입니다.

 따라서 10시 8분 40초는 시계에게 가장 멋진 포즈가 되는 숫자인 것입니다.

흥미로운 숫자 테러와 숫자

　몇 년 전 전 세계를 경악에 빠뜨린 테러 911테러는 수많은 희생자를 낸 최악의 테러였습니다. 미국 뉴욕의 세계 무역 센터인 쌍둥이 빌딩 두 채를 비행기로 그대로 돌진해 비행기와 건물이 산산조각이 난 것은 물론, 죄 없는 많은 사람들이 이유도 모른 채 세상을 떠나고 말았습니다. 그런데 911테러에는 끔찍한 숫자의 규칙이 숨어 있답니다.

　우선 이 테러는 2001년 9월 11일에 발생했습니다. 건물이 무너진 시간이 10시 28분이었는데 이 숫자를 다 더하면 1+0+2+8=11이 됩니다. 그리고 우연히도 9월의 9와 11일의 숫자 1을 각각 더하면 9+1+1=11이 돼요. 또 이 날은 1년 가운데 254번째 날로 역시 숫자를 합하면 2+5+4=11이 됩니다. 남은 날은 365-254=111이 되어 11이 겹쳐있게 되죠.

 게다가 뉴욕은 미국에서 11번째 주로 편입된 곳으로, 쌍둥이 빌딩은 주변 빌딩숲 사이에서 우뚝 솟은 모양이 멀리서 보면 11과 비슷합니다. 세계무역 센터 빌딩은 110층이에요. 0을 빼면 11이라는 숫자가 되죠.

 뉴욕 시티라는 철자 'New York City'와 용의자 '오사마 빈 라덴'이 은신해 있다는 아프가니스탄의 철자 'Afghanistan'은 열한 개의 알파벳으로 이루어졌습니다.
 빌딩과 충돌한 비행기는 AA11편이었으니 과연 11이라는 숫자와 소름끼치게도 잘 맞아떨어지죠? 비행기를 타고 있던 탑승객은 92명으로 9+2=11이 되고, 두 번째 비행기에 탔던 승객은 65명으로 6+5=11이 됩니다.

 911테러와 숫자는 아직도 사람들을 불안에 떨게 합니다. 테러가 발생한 지 1년 1개월 1일이 지난 날, 발리에서 폭발사고가 일어났습니다. 인도네시아에서 일어난 사건이라 별 상관이 없어 보이지만 서양 사람들은 발리 폭발 사건이 또 다른 911테러라고 여깁니다. 서양에서는 숫자가 세 개 겹치면 불길한 일이 일어난다는 미신이 있어요. 그래서 1이라는 숫자가 세 번 겹친 날 발리에서 폭발 사고가 일어났다는 거죠.
 그리고 또 1이 세 번 겹치는 날 또 다른 엄청난 테러가 일어날 것이라고 불안해하고 있답니다.

발견숫자 7 백팔번뇌

무슨 번뇌가 108개나 될까?

불교에서 '108'은 꽤 여러 번 등장하는 숫자입니다. 절을 할 때도 백팔 번, 염주도 백팔 염주 그리고 백팔 번뇌.

번뇌라는 것은 마음과 몸을 괴롭히는 것을 말합니다. 다시 말해 백팔 번뇌는 사람을 괴롭히는 108가지의 번뇌를 뜻해요. 번뇌라는 것은 마음과 몸을 괴롭히는 것입니다.
  사람에게는 귀, 코, 혀 등 여섯 가지 감각이 있습니다. 감각은 어떠한 대상을 접할 때 '좋다' '나쁘다' 혹은 '그저 그렇다'라는 감정을 느끼게 합니다.

사람의 여섯 가지 감각과 세 가지 느낌이 곱해져서 18가지의 번뇌를 일으킨다고 해요. 18가지 번뇌는 사람이 가지고 있는 탐욕과 그렇지 않는 마음 두 가지가 곱해져 36가지가 되고, 또 그 마음이 과거, 현재, 미래로 나뉘어져 3을 곱해 108가지의 번뇌가 되는 것입니다.

그래서 불교에서는 108개의 염주를 돌리며 번뇌를 없애기도 하고, 절을 108번하면서 마음을 평온하게 하기도 해요. 그렇게 참회하고 정진하면 번뇌가 사라져 열반*의 경지에 오른다고 합니다.

*열반(涅槃) - 불교용어. 지혜를 닦고 수행을 쌓아 미혹, 번뇌, 집착을 끊고 깨달음에 도달하여 모든 괴로움, 속박, 윤회에서 해방된 최고의 경지를 이르는 말. 산스크리트어로는 '니르바나'라고 한다.

파라볼라 안테나

 텔레비전이 처음 나왔을 때 모든 방송이 생방송이었다고 해요. 광고까지 생방송으로 했다고 하니, 방금 전까지 연속극을 하던 배우가 후닥닥 달려와 광고에 출연했다고 합니다.

 그리고 텔레비전도 귀해서 동네 사람들이 텔레비전이 있는 집에 모여 같이 시청하기도 했어요. 방송 시간도 짧아서 아침 방송은 하지 않고 저녁에만 방송하기도 했습니다.
 그러던 것이 요즘은 텔레비전이 없는 집이 별로 없고, 위성 방송과 케이블 방송 등 하루 24시간 많은 채널에서 방송을 하고 있습니다.
 케이블 방송이 되기 전에는 위성 방송을 보기 위해 위성 안테나를 달아야만 했습니다. 이 안테나는 움푹한 접시처럼 생겼는데, 포물선이라는 뜻의 '파라볼라 안테나'라고 불렀어요.

 위성 방송의 전파는 말 그대로 인공위성에서 날아온 전파를 받아 방송되는 것입니다. 지구 밖의 먼 곳에서 오는 약한 전파를 받기 위해서는 보다 넓은 면적의 안테나가 필요하고, 게다가 가운데가 움푹하면 전파가 포물선 초점에 모이게 되므로 전파를 효과적으로 모을 수 있는 거죠.
 전파뿐만 아니라 빛도 파라볼라 안테나처럼 생긴 것이라면 더 많이 모을 수 있습니다. 그래서 태양열 발전소에서 태양빛을 모을 때도 사용합니다.

포물선은 빛의 초점을 모으기도 하지만, 반대로 빛을 앞으로 똑바로 나가게도 합니다. 포물선 거울 앞에 빛을 두면 거울에 반사한 빛은 곧장 나가는데 바로 손전등이 이러한 원리예요.

 자동차 전조등의 상향등과 하향등도 전구의 밝기가 다른 것이 아니라 포물선의 원리를 이용합니다. 전구 뒤 반사거울이 포물선 모양으로 되어 있는데, 하향등은 전구가 초점에서 약간 비껴나 있어 빛이 멀리 나가지 않지만, 상향등은 초점에 위치해 있어 빛이 직진해 훨씬 더 멀리까지 밝게 보입니다.

발견숫자 8 아이큐의 숫자

아이큐 100은 동네 개 이름?

아이큐는 지능검사를 해서 구한 개인의 점수를 같은 나이의 평균점수로 나눈 후 100을 곱해서 구한 것입니다. 그러니까 아이큐 100이 넘으면 보통 이상은 된다는 거죠.

하지만 이 아이큐는 100% 믿을 만한 것이 아니에요. 지능검사가 정신적인 능력을 측정한다고는 할 수 없으니까요. 지역이나 환경 등의 차이를 생각해야만 해요. 예를 들어 텔레비전을 한 번도 보지 못한 사람이 텔레비전이 무엇인지 모른다고 해서, 그 사람을 아이큐가 낮다고는 할 수 없습니다. 또 아이큐가 높다고 해서 반드시 똑똑하다고 할 수 없습니다. 아무리 좋은 머리를 가지고 있어도 제대로 쓸 줄 모른다면 소용없는 거니까요.
머리가 좋고 나쁜 것은 아이큐만의 문제가 아닙니다.

그런데 동물들 가운데 흔히 조류는 머리가 나쁘고 돌고래는 머리가 좋다고 하잖아요. 동물들의 아이큐는 어떻게 재는 걸까요?
흔히 뇌가 무거우면 머리가 좋다고 하는데, 그건 잘못 알려진 거예요. 코끼리 뇌의 무게는 사람의 다섯 배라고 해요. 그렇다고 코끼리가 사람보다 똑똑한 것은 아니죠. 또 몸무게와 뇌의 무게를 비교했을 경우 쥐의 무게가 사람보다 무거운 거라고 하는데, 역시 사람이 쥐보다는 훨씬 영리하죠.

또 뇌에 주름이 많으면 똑똑하다고 하는데, 이것 역시 믿을 것이 못

아이큐 100은 동네 개이름?

됩니다. 고래의 뇌가 사람보다 주름이 많다고 해요. 고래가 똑똑하다고는 하지만 그렇다고 사람과 비교할 수는 없죠.

 아이큐를 단순히 뇌의 무게나 뇌의 주름으로 따지는 것은 무리가 있기 때문에 동물들은 행동을 관찰해 아이큐를 정하는 경우가 많습니다. 도구를 사용할 수 있는지, 학습 정도가 어떤지 하고 말이에요.

천재들의 모임

 라틴어로 '둥근 탁자'라는 뜻의 멘사(MENSA)는 아이큐가 148 이상인 사람들의 모임입니다. 말하자면 천재들의 집단인 셈이죠.
 1964년 영국에서 창립됐으며, 2000년 5월 현재 100 개국에 20여만 명의 회원이 있습니다. 우리 나라는 1996년에 첫발을 딛어 현재 1300명이 회원으로 가입되어 있어요.
 멘사 회원들은 '천재들의 두뇌를 인류의 발전과 복지를 위해 활용한다.'는 목표 아래 전세계에서 인류의 이익을 위한 연구를 활발히 펼치고 있습니다.

발견숫자 9 행운과 불행의 숫자

　일본으로 여행을 다녀온 내 친구. 가운데 구멍이 난 일본 돈을 손목에 걸고 한껏 자랑이다.
　"우리 이모가 일본에 계시잖아. 이번에 갔더니 이걸 주시더라. 일본어로 5엔이랑 행운이랑 발음이 같대. 그래서 5엔 동전을 이렇게 하고 있으면 행운이 온다나, 오호호!"
　그날 이후로 그 아이의 행운의 숫자는 5가 되었다. 학용품이며 가방이며 5자가 도배를 하고 있고 심지어 5라는 숫자로 목걸이까지 만들어 걸고 다닌다.
　" 난 필통에 연필도 다섯 자루만 가지고 다녀."
　"이번 체육 시험 때 난 다섯 번째로 뛸래."
　뭐든 5, 다섯, 다섯 번째. 어휴, 정말 옆에 있는 사람까지 숨이 턱턱 막힐 정도다.
　쳇, 깊은 뜻이 있는 것도 아니고, 그저 발음이 같다는 이유로 남의 나라 말을 그대로 행운으로 믿다니.
　순전한 말장난에 행운을 들먹이다니, 너무 한 거 아냐?

4자는 불행의 숫자?

우리 나라에서는 3은 완성을 뜻하는 숫자라고 해서 행운의 숫자로 여기고, **4는 죽을 사(死)와 발음이 비슷하다고 해서 기분 나쁜 숫자**로 여깁니다.

중국 역시 죽을 사(死)와 발음이 비슷하기 때문에 4를 싫어해요. 반면에 '돈을 번다', 혹은 '부자가 된다'는 말의 발음과 비슷하기 때문에 8을 좋아합니다. 8이 계속되는 전화번호나 자동차 번호는 높은 가격에 팔린다고 해요.

그리고 9도 좋아하는 숫자예요. '오래 산다'는 말과 발음이 비슷하거든요. 그래서 1999년 9월 9일에 제주도에서 중국 사람들이 합동 결혼식 행사를 열기도 했어요. 이벤트를 할 때도 999번째, 9999번째 손님에게 선물을 주는 행사를 한다고 합니다.

이슬람에서는 의외로 4가 최고의 숫자랍니다. 우리 나라에서 삼 세 판, 삼복 더위, 세 살 버릇 여든까지 간다 같이 '3'이라는 숫자가 많이 등장하듯이 이슬람에서는 '알리바바와 40인의 도둑'처럼 4, 40이 자주 등장합니다. 부인을 4명까지 둘 수 있고, 아기가 태어나면 4일째 되는 날이나 4개월, 4년 째 될 때 '코란'을 접하게 합니다.

이슬람교에서는 알라의 계시를 받아 만든 '코란'의 가르침을 받는데, '알라'는 아랍어로 '하나님' '유일신'을 뜻해요. 그래서 하나라는 뜻의 '1'은 신의 수입니다. 99라는 숫자를 100으로 만들어 주는 것도 바로 1이기 때문에 아주 신성하게 여기죠. 하지만 1에서 처음으로 떨어져나간 2는 죄악의 숫자로 여깁니다.

 서양에서는 13을 저주의 숫자라고 부릅니다. 우리가 4를 싫어하듯 끔찍할 정도로 13을 싫어해요. 건물에 13층이 없는 것은 물론 특히 금요일과 겹치는 날에는 문밖 출입을 고민할 정도이며 '13일 공포증' 이라는 정신의학용어까지 있다고 합니다.
 13이 저주의 숫자가 된 것은 완벽한 수인 12에 쓸데없는 하나가 붙어 완벽한 것을 파괴하기 때문입니다. 또 잘 알려진 대로 최후의 만찬에 예수와 열두 제자가 참석했는데, 그 가운데 예수를 배신한 유다가 열세 번째로 참석했기 때문에 13을 저주의 숫자로 여기게도 되었습니다.

 또한 금요일을 저주받은 날로 여기는데 예수가 십자가에 못 박힌 날이 금요일이고 이브가 아담을 꾀어 선악과를 따먹은 날과 노아의 홍수, 바벨탑이 무너진 날이 금요일이기 때문이래요.

흥미로운 숫자 광고 속 숫자.

숫자는 제품 이름에도 한몫을 합니다. 기억하기도 쉽고 간편하면서도 강한 인상을 주기 때문에 제품에 숫자를 붙이는 일도 이제는 아주 흔해요.

음료수 가운데 '2%'는 몸 안의 수분이 2%만 부족해도 목이 마르다는 것에서 생각해 낸 브랜드입니다.

또 김치 냉장고 가운데 '1124'는 1년, 열두 달, 사계절 맛있는 김치

를 맛볼 수 있다는 뜻과 1년 가운데 김장하기 가장 좋은 날인 11월 24일을 뜻하기도 해요.

 치약 가운데에도 2080은 20대의 치아를 80대까지 지킬 수 있게 해 준다는 뜻이 담긴 제품으로, 짧은 기간 내에 가장 많이 팔린 치약으로 기록되었어요.

 또 볼펜 가운데 '모나미 153'은 아주 오래된 제품입니다. 153에는 여러 가지 뜻이 있는데, 하나는 성경에 나오는 말이에요. '베드로가 하나님이 지시한 곳에서 153마리의 고기를 잡았으나 그물이 찢어지지 않았다'라는 데서 153이라는 숫자를 따왔다고 해요. 그리고 또 하나는 153에서 15는 15원이라는 뜻이고 3은 모나미에서 만든 세 번째 작품이라는 뜻이라고 합니다.

 아이스크림 상표 가운데 '배스킨라빈스 31'이 있죠? 여기서 31은 매일매일 한 개씩의 색다른 아이스크림을 선보여 한 달 내내 다른 맛을 보여준다는 의미의 한 달 즉 31일을 브랜드 이름으로 정한 거예요.

발견숫자 10 튀는 달 2월 달력

생일은 누구에게나 일 년 중에 가장 기쁜 날이겠지만, 나는 매우 우울한 날이다. 왜냐하면...

흑, 나는 생일이 일 년에 한 번이 아니라, 아쉽게도 4년에 한 번.

그렇다. 나의 생일은 2월 29일. 으, 이게 무슨 운명의 장난이란 말인가!

하필 윤달이 든 2월 29일이 생일이기 때문에 나는 4년에 한 번 꼴로 생일을 맞이한다. 3년 동안 생일을 잊어버리는 거다.

그것도 섭섭한데 나를 더욱 화나게 만드는 것은 친구들이다.

"어라? 너 그러면 지금까지 네 생일이 두 번밖에 없었던 거야?"

"에이, 그러면 아직 아기네. 아기야, 아이스크림 사 줄게, 가자."
그럴 때면 으~. 정말이지 내가 왜 29일에 태어났는지 속상하다.
엄마는 귀한 사람이라서 아주 귀한 날에 태어난 거라고 위로해 주지만, 솔직히 자기 생일을 국경일로 만들고 싶은 것이 모든 사람들의 마음 아닐까?

그렇다고 내 생일 파티가 아주 없는 것은 아니다. 29일이 없는 날은 하루 당겨서 28일에 하지만, 왠지 찜찜하다. 내 생일도 아닌데 파티를 하는 그 기분이란!

도대체 왜 2월은 들쑥날쑥인 걸까?

이번이 4번째 생일이잖아!

　보통 한 달은 30일에서 31일입니다. 그런데 2월은 28일까지밖에 없고, 4년에 한 번씩 29일까지 있습니다.

　옛날 인간은 두 개의 달력을 사용했습니다. 태양의 주기를 기준으로 한 태양력과 달의 주기를 기준으로 한 태음력입니다.
　1년은 열두 달로 나뉘어 있지만 고대 로마에서는 1년이 열 달이었습니다. 주로 식물이 나고 자라는 것에 맞춰 달력을 만들었기 때문에 1년의 시작은 3월이었죠.

　그런데 이 달력이 조금 사용하는데 불편해서 '율리우스력'이라는 달력이 나오게 되었고, 3월 앞에 두 달을 넣었습니다. 그러다 보니 두 달씩 뒤로 밀리고 율리시스는 5월이 7월로 옮겨지면서 자신의 이름을 따 '줄라이(July)'라고 불렀어요. 8월은 아우구스투스 황제의 이름에서 따 '어거스트(August)'라고 부르게 되었습니다.

　달마다 일수가 다른 것은 종교적으로 중요한 달은 31일로 하고 그렇지 않은 달은 30일로 정했기 때문이라고도 하고, 단순히 홀수 달은 31일 짝수 달은 30일이라고 정했기 때문이라고도 해요.

　어쨌든 그렇게 정하고 보니 율리시스의 달인 7월은 31일이 있는데 아우구스투스의 달은 짝수 달이기 때문에 30일 밖에 없었어요. 아우구스투스는 2월에서 하루를 빼앗아오면서 2월만 한 달이 28일이 된

것입니다. 윤달일 때는 29일이 되고요.

 그런데 문제가 생겼어요. 7월 8월 9월 석달이 31일이 된 것입니다. 아우구스투스 황제는 홀수 달이 31이던 것을 9월부터는 반대로 했어요. 그래서 짝수인 10월, 12월이 31일까지 있고 9월, 11월이 30일까지 있게 돼요.

메 모	5 0 4 8 3 2

모기향 소용돌이

　뱅뱅 나선형으로 된 모기향을 본 적이 있을 거예요. 요즘은 전자 모기향이라고 해서 네모난 칩처럼 생기거나 액체 모기향이 대부분이지만, 먼 옛날에는 모기를 쫓기 위해 마당에 연기가 많이 나게 풀을 태워 연기를 내 모기향을 피웠습니다.

　그러던 것이 집에서 쉽게 피울 수 있는 모기향이 나왔는데 처음에는 길쭉한 직선 모양이었다고 해요.

　그런데 너무 빨리 타버려 자다 말고 깨어나 몇 번씩 모기향을 다시 피워야했다고 합니다. 그렇다고 무작정 길게 만들면 부러지기도 쉽고 모기향을 피우기도 힘들었어요.

　어떻게 하면 적은 부피로 하룻밤 내내 모기향을 피울 수 있을까 해서 만들어 낸 모양이 바로 소용돌이입니다. 지금은 기계로 찍어내지만 옛날에는 긴 것을 사람이 하나하나 구부려 모양을 만들었다고 해요.

발견숫자 11 　라디오 주파수와 텔레비전의 채널

　라디오를 듣다가 생각이 난 건데, 왜 라디오 채널은 이렇게 복잡한 걸까? 재미있는 방송이 있어서 친구에게 말해주려고 하는데 영~ 가물가물한 거다.
　"뭐야? 정말 그 영화배우가 라디오 디제이를 한단 말이지? 왜 난 몰랐을까. 그 방송 채널이 뭐야?"
　"그게, 저…… 아, 뭐더라."
　결국에는 친구에게 알려주지 못했다. 우째 이런 일이!

　왜 라디오 채널은 복잡한 걸까? 텔레비전 방송처럼 6, 7, 9, 11, 13이면 얼마나 간단해.
　아니다!
　그러고 보니 텔레비전 채널도 이상하네? 왜 1부터 시작하지 않고 뜬금없이 6부터 해서 13까지일까?

라디오 채널은 왜 어렵지?

 전파는 대역폭이라는 것이 있는데, 텔레비전이든 라디오든 한 방송국마다 대역폭은 정해져 있습니다. 대역폭이 넓을수록 많은 정보량을 담을 수 있습니다. 라디오의 경우 좋은 음질을 들을 수 있죠.

 우리 나라의 라디오 FM의 경우 대역폭이 200kHZ입니다. AM은 9kHZ고요.
 FM 주파수는 87.5MHZ부터 시작하여 그 다음 방송국은 200kHZ(0.2MHZ) 떨어진 주파수에서 방송을 낼 수 있어요. 그렇기 때문에 라디오 주파수는 87.5, 87.7, 87.9…… 이런 식으로 방송 주파수를 사용해야 합니다. 홀수로 시작해서 0.2씩 올라가니까 짝수는 없고 홀수 주파수만 생기는 거죠.

 AM의 경우는 531로 시작해서 9만큼 더해져 주파수가 531, 540, 549…… 이런 식으로 나가게 됩니다.
 FM과 AM 방송을 듣다보면 유독 FM 방송이 깨끗하다는 것을 알 수 있을 거예요. 그 이유는 변조 방식 차이 때문입니다. 변조란 전자파 가운데에서 소리나 음악, 그림 등 원하는 요소를 뽑아 사람이 이용할 수 있도록 하는 작업을 말해요. AM과 FM이 변조의 대표적인 것인데, 각각 그 방법이 다릅니다.
 AM은 진폭 변조로 아래위로 출렁이는 물결의 가장 낮은 곳과 높은 곳 사이의 간격의 값을 주파수로 바꾼 것입니다. FM은 주파 변조라고 해서 진폭은 변화 없이 강약, 고저로 주파수를 바꾸는 방식입니다.

그래서 FM은 천둥 번개나 건물, 지형 등의 문제로 생기는 교란에 별로 반응하지 않기 때문에 상대적으로 깨끗하게 들린답니다.

한편 텔레비전 채널은 초단파인 VHF는 2번부터 13번까지, 극초단파인 UHF는 14번부터 83번까지 있습니다.
우리 나라는 1961년에 처음 텔레비전 방송을 시작했는데 채널 방식을 미국식 그대로 사용했습니다. 미국에서는 맨 처음 1번 채널이 있었는데 이 주파수를 아마추어 무선, 실험방송국에 양보해서 1번 채널이 없어졌어요. 그래서 우리 나라는 아예 처음부터 1번 채널이 없었습니다.

채널은 서로 붙어 있으면 전파가 서로 방해할 염려가 있기 때문에 텔레비전 방송국 채널은 하나씩 건너서 채널을 배정합니다. 7번, 9번, 11번, 13번처럼 말이죠.
하지만 6번과 7번은 조금 달라요. 두 채널의 주파수 대역이 아주 넓거든요. 다른 채널이 열다섯 개가 들어갈 만큼 넓은데, 그 사이는 주로 FM 방송이나 항공기 교신 등에 사용된다고 해요.

미로운숫자 황금비율

사람들이 보기에 편하고 아름답게 느껴지는 비율, 바로 황금비율입니다. 디자인의 기본이라고도 할 수 있죠. '보기 좋다' 라고 하는 것의 대부분이 이 황금비율로 만들어졌으니까요.

밀로의 비너스 상은 이 황금비율을 정확하게 맞춰 조각되었는데, 그 비율은 1 : 1.618입니다. 이 비율은 긴 선을 둘로 나누었을 때 짧은 부분과 긴 부분의 비율이, 긴 부분과 원래 선의 비율과 같아지는 경우입니다.

이 황금비는 고대 그리스 때부터 시작되어, 파르테논 신전 정면의 폭과 높이 역시 황금비입니다. 우리 나라의 고려 시대에 만든 국보 18호인 무량수전도 가로 세로 비율이 황금비이며, 신용카드나 신분증의 가로 세로 비율도 역시 황금비를 기준으로 합니다.

자연에서도 잎이 나오는 수나 해바라기 씨의 배열 등 역시 황금비를 이루고 있습니다. 우리가 보기에 아름답다라고 느끼는 것 대부분이 황금비율을 이루고 있다고 봐도 될 정도예요.

우리 몸도 황금비율로 이루어져 있답니다. 머리에서 배꼽까지의 길이와 배꼽에서 발끝까지 길이, 머리에서 목까지 길이와 목에서 배꼽까지 길이가 황금비율로 되어 있습니다. 팔꿈치에서 팔목까지와 팔목에서 손가락 끝까지 길이도 황금비율로 되어 있어요.

그 밖에도 건축은 물론 책이나 담뱃갑, 명함, 엽서의 가로 세로의 비, 주식시장에서의 시세의 상승 하강의 주기에 대한 비에도 황금비율을 이용한다고 합니다.

발견숫자 12 구구단은 왜 구구단 일까?

　동생이 구구단 외우기 숙제를 하는데 잘 외우는 건지 봐 달라고 했다.
　"형님 따라오려면 넌 아직 멀었다. 형님은 초등학교 1학년 때 벌써 구구단을 다 외웠는데, 너는 2학년이 아직도 구구단을 못 외워?"
　내 핀잔에 동생은 토라졌지만, 이게 어디 삐친다고 해결 될 문제인가? 구구단을 제대로 외워두지 못하면 수학을 할 수 없게 되는데.
　"자, 다시 해 봐."

　처음에는 잘 한다. 2단, 3단……7단. 그런데 거기 까지다. 자꾸 8단에서 삐끗한다. 벌써 몇 번째인지 모른다.
　"자자, 8단부터 다시 해 봐."
　나는 제법 선생님 티를 내면서 말했다. 크크크, 어렸을 때 동생이랑

학교 놀이하면서 혼내 준 생각이 난다. 그 때는 재미있었는데. 요즘은 이것저것 따지고 들어서 내가 진땀 날 때가 많다. 그러니 오늘이 기회! 군기 좀 잡아야겠다.
동생은 조심스럽게 8단을 외우기 시작했다.
"팔 일은 팔, 팔이 십 육…… 팔 칠이 오십 육, 팔팔이… 팔팔이…."
동생이 머뭇거리자, 난 버럭 소리를 지르고 말았다.
"정말 팔팔 뛰겠네. 아까부터 계속 8단에서 헤매잖아. 벌써 몇 번째야. 그러면 이렇게 외워."

나는 나의 구구단 외우기 비법을 동생에게 알려 주었다.
"육사 알지? 장교가 되는 대학 말이야. 육사 형들은 훈련받느라고 매일 팔팔하게 뛰어 다닌대. 그러니까 팔팔 뛰는 육사 생도. 알았지? 팔팔이 육사."
"오홋!"
동생의 감탄하는 저 눈빛! 뭐 이 정도 가지고~ .
그런데 구구단은 왜 구구단일까?

2단부터 시작해서 9단으로 끝나니까, '이이단'이라고 해야 하는 거 아닌가?

이이단이 아니고?

　구구단은 2단부터 시작해서 9단으로 끝납니다. '이이는 사' 부터 해서 '구구 팔십 일' 로 끝나죠.
　시작을 2단부터 하는데 왜 하필 '구구단' 이라고 할까요? 그것은 옛날에는 구구단을 거꾸로 외웠기 때문입니다.

　구구단을 외우면 생활에 편리한 점이 많습니다. 계산을 빨리 할 수 있고 암산도 척척 쉽게 할 수 있죠. 그런데 그렇게 좋은 것을 양반들은 일반 백성들이 알지 못하게 했습니다. 그래서 듣기에 어렵도록 일부러 구구단을 9단 끝에서부터 외웠다고 해요. 그런 식으로 몰래, 비밀스럽게 양반들끼리면 알고 익혔던 거죠.

　우리 나라와 일본, 중국에서는 보통 2단부터 9단까지 외우지만, 인도에서는 19단까지 외운다고 합니다.

　그런 반면 구구단을 외우지 않는 나라도 많아요. 미국이나 유럽에서는 구구단 표가 있어서 계산 할 때 이 표를 보고 한다고 해요. 그 이유는 입으로 말하며 외우기가 힘들어서입니다. 우리야 '팔팔이 육십 사' 하고 간단하게 끝나지만, 영어의 경우는 'eight times eight are sixth four' 또는 'eight eight are sixth four'라고 하니 좀 길죠? 숫자가 많아지면 더욱 복잡해지기 때문에 보통 5단까지만 외운다고 해요.

모든 맨홀 뚜껑은 원입니다. 예쁜 세모나 네모, 별 모양도 괜찮을 것 같은데 세계 어디서나 맨홀 뚜껑은 동그랗습니다.

맨홀 뚜껑 모양이 똑같은 것은 미술적인 감각이 없어서도 아니고 특별하게 돈이 적게 들어서도 아닙니다. 오로지 원 만이 구멍으로 빠지기 어렵기 때문입니다.

종이에 세모나 네모, 원을 그려 그대로 칼로 오려내 보세요. 그리고 오려낸 도형을 세워서 오려낸 구멍으로 통과시켜 보세요. 세모, 네모는 쑥 빠질 것입니다. 하지만 원은 중간에 걸려 구멍을 통과하지 않아요.

이렇듯 맨홀 뚜껑은 사람들의 안전이 숨어 있는 도형입니다.

발견숫자 13   내 시력은 마이너스?

"그러게 텔레비전 가까이에서 보지 말랬지!"

우리 엄마 잔소리. 칠판 글씨가 잘 안보여서 엄마한테 말했더니 당장 안과에 데리고 가셨다.

의사 선생님이 안경을 써야 할 것 같다니까 그 순간부터 잔소리가 쏟아진다. 휴~ 주워 담는다면 대여섯 소쿠리는 나올 거다.

잔소리를 머리에 이고 엄마 손에 끌려 안경점에 갔는데, 호~ 멋진 안경테가 아주 많더라고. 엄마 잔소리는 뒤로 하고 나는 이것저것 써 봤다. 뿔테는 모범생처럼 보이고 금테는 날카로운 것이 카리스마 짱으로 보이고. 아예 이 기회에 빨간 뿔테 안경을 써 봐?

어떤 걸로 할 건지 고민하고 있는데, 안경점에 있던 어느 형이 안경사 아저씨한테 이렇게 말하는 거다.

"저는 시력이 마이너스인데 안경알이 너무 두껍지 않을까요?"

엥? 시력이 마이너스라니? 영하라는 말인가, 엉?

마이너스 몇도인가요?

보통 "나는 시력이 마이너스야." "마이너스 시력은 군대에 안 간대." 이렇게 말하죠.

시력표의 가장 큰 글씨가 안 보이면 시력이 마이너스라고 알고 있는데, 시력의 단위엔 마이너스(-)란 없습니다.

돋보기 안경알은 플러스(+) 단위인 볼록렌즈이고 보통 근시들이 쓰는 안경알은 마이너스(-) 단위로 오목렌즈입니다. 오목렌즈는 도수를 -0.75, -1.25 이렇게 표시해요. 마이너스 숫자가 높을수록 도수가 높아집니다.

다시 말해 마이너스(-)는 근시도를, 플러스(+)는 원시도를 나타내는 굴절력의 단위일 뿐입니다. 그러니까 "내 시력은 마이너스야."라고 하는 것은 잘못 된 것입니다.

시력검사표는 1909년 이탈리아의 나폴리에서 개최된 국제안과학회에서 '란돌트(Landolt)고리'에 의한 검사법이 국제기준으로 정해졌습니다.

란돌트고리란 구멍 뚫린 원, 즉 C 모양의 마크를 말합니다. 터진 부분의 시각이 1분(0.1도)이고, 원의 두께와 터진 부분의 너비가 모두 바깥 지름의 5분의 1입니다. 이것을 5m 떨어진 곳에서 터진 부분을 정확하게 판별할 수 있으면 시력은 1.0이 되고 5m에서도 가장 큰 시표 0.1이 보이지 않을 때는 그 시표가 보일 때까지 전진하여 그 거리

마이너스 몇도인가요?

에 0.02를 곱한 수를 시력으로 삼았어요.

 현재는 '진용한 시력표'가 많이 사용됩니다. 이 시력표는 검사거리를 기존 5m에서 4m로 바꾸었으며, 시표 간의 간격도 정확합니다. 0.1에서 2.0까지 시력단위가 있는데, 사실 인간의 시력은 2.0 이상인 경우도 많아요.

 하지만 2.0 이상 시력측정을 할 수 없는 것은 시력검사가 눈이 나쁜 사람을 위해 만든 것으로 눈이 좋은 사람의 시력은 검사할 필요가 없기 때문입니다.

메 모 5 0 4 8 3 2

재미있는 숫자디자인
상상도 할수 없는 큰수, 작은수의 단위 1

* 불가사의

상상도 할 수 없는 이상한 일을 '불가사의'라고 해요. 불가사의는 또한 10을 64번 곱한 수의 단위이기도 합니다. 아주 큰 수라 상상하기 힘들다는 뜻이죠.

그렇다고 불가사의가 수의 끝은 아닙니다. 불가사의보다 더 큰 수가 있어요. '무량수'로, 10을 68번 곱한 수입니다.

* 항하사

항하사는 10을 52번 곱한 수입니다. '항하(恒河)' 인도의 갠지스 강을 한자로 표기한 것이고 '사(沙)'는 모래를 뜻해요. 그러니까 항하사는 갠지스 강의 모래만큼 많다는 뜻입니다.

* 구골

구골(googol)은 미국의 수학자 카스너가 우주 원자 수를 모두 더해서 만든 수라고 해요. 10을 100번이나 곱한 수라나요. 어마어마하죠?

발견숫자 14 보신각 종 33번 타종의 의미!

 다들 집집마다 특별한 새해 맞이가 있을 것이다.
 12월의 마지막 날 가족끼리 식사를 하면서 지난 한 해를 돌아보고 새해 소망을 말하기도 할 것이며, 여행을 가도 좋고 아니면 친척들과 함께 새해를 맞이하기도 할 것이다.

 그런데 우리집 새해 맞이는 시끄럽기도 하고 졸리기도 하다.
 왜냐하면 12월 31일에 자면 눈썹이 하얘진다며 아빠가 잠을 안 재우려고 하신다. 깜박깜박 졸음이 밀려오는 자정 무렵에 댕댕~ 울리는 아빠의 종소리.

 다름아니라 아빠가 해마다 12월 31일 밤이면 우리 가족들을 텔레비전 앞에 모이게 해 놓고 보신각 종 치는 것을 끝까지 보도록 하신다.

크~ 한두 번 치는 것도 아니고. 서른 세 번을 칠 때까지 어떻게 기다리라고.
　그것도 느릿느릿, 여러 사람이 치다보니 시간이 꽤 걸린다. 견디다 못해 졸린 눈을 비비며,
　"아빠, 종 치는 거 봤으니까 먼저 잘게요."
　하고 말해도 소용 없다.
　"아직 23번밖에 안 쳤다. 10번 더 쳐야 한다. 좀만 참아."
　게다가 텔레비전에서 눈을 떼지 못하고 보신각 종이 울릴 때마다 집에 있는 종을 함께 치는 우리 아빠.

　도대체 왜 종을 33번이나 치는 거냐고요~!

다 같이 종을 울려라!

먼 옛날 시계가 없었을 때는 여간 불편한 것이 아니었습니다. 낮에는 어떻게 해를 보고 시간을 가늠했지만 밤에는 시간에 대해 전혀 감을 잡지 못했어요.

그래서 나라에서 북을 쳐서 시간을 알려 주었는데, 모든 백성들이 들을 수 없기 때문에 사대문의 문이 닫히고 통행금지가 시작되는 밤 10시쯤과 통행금지가 해제되는 새벽 4시에 보신각 종을 쳐서 널리 알렸다고 해요.

밤 10시에는 종을 28번 쳤는데, 이것을 '인정'이라고 했습니다. 종을 28번 치는 것은 28별자리에게 밤의 안녕을 기원하는 거예요.
한편 새벽 4시에는 33번 쳤는데 이를 '파루'라고 했어요. 33개의 하늘에 백성의 안녕을 기원한 것입니다. 옛날 우리 민족은 동서남북에 각각 여덟개의 하늘이 있다고 생각했어요. 그 하늘을 모두 지휘하는 하늘에 바로 우리 나라를 세운 단군이 계신 곳입니다. 그렇게해서 하늘이 모두 33개라고 생각한 거죠.

새해가 시작될 때 보신각종을 치는 것은 광복 이듬해인 1946년부터로, 단군의 건국 이념인 홍익인간과 광명이세의 이념을 널리 알리고 인, 의, 예, 지를 실천하겠다고 33개의 하늘에 맹세하겠다는 의미에서 33번을 치는 것입니다.

재미있는 숫자디자인
상상도 할수 없는 큰수, 작은수의 단위 2

* 영겁

'겁'이라는 단어는 하늘과 땅이 한 번 개벽하고 그 다음에 개벽할 때까지예요. 세상이 완전히 바뀌는 동안이니, 엄청나게 긴 시간이죠.

또한 '영겁'은 곱디고운 선녀가 어마어마하게 큰 대리석을 문질러 없어질 때까지 걸리는 시간을 말해요. 손으로 대리석을 닳게 하려면 과연 시간이 얼마나 걸릴까요?

* 모호

분명하지 않고 흐릿한 것을 모호하다고 하죠. 그런데 이 모호도 수의 단위랍니다. 0.0000000000001을 나타내는 단위로 아주 작은 수죠.

* 찰나

찰나는 모호보다 더 작은 단위입니다. 소수점 뒤에 0이 17개가 붙어요. 비유를 하자면 아주 가는 명주실에 날카로운 칼을 대어 끊어지는 데 필요한 시간이라고 합니다.

발견숫자 15 3분 라면 컵라면

1분라면, 30초라면이 있다면 더 빠르고 좋지 않을까?

학교에서 오는 길에 친구들이 오락실에서 10분만 있다 가자는 것을, 참새가 방앗간을 그냥 지나치지 못한다고 그만 눌러 앉아 게임을 해버렸다.

그 탓에 집에 도착했을 때는 학원 시간까지 빠듯했다. 보통 때라면 여유 있게 저녁을 먹고 학원에 갔을 텐데, 자칫하다가는 저녁을 굶게 생겼다. 게다가 엄마가 모임에 가시는 바람에 저녁을 혼자 챙겨 먹어야 하는데 시간도 그렇고 귀찮고 해서 컵라면으로 때우기로 했다.

일단 물이 끓는 동안 컵라면 비닐을 뜯고 수프를 넣고, 물이 다 끓자 라면에 물을 붓고 3분만 기다리면 된다.
 흠…… 3분씩이나 어떻게 기다린담. 3분, 3분…….
 "어서 익어라, 어서. 얼른 먹고 가야만 한다고!"
 나는 시계 한 번 보고 컵라면 한 번 보고 그렇게 초조하게 라면이 익기를 기다렸다. 정말 이럴 때는 3분도 길다! 물만 부으면 팍! 익어서 먹을 수 있는 그런 라면은 없을까?
 도대체 왜 컵라면은 모두 3분만 기다려 달라고 하는 걸까?

3분도 길다! 물만 부으면 팍!

컵라면은 끓는 물만 붓고 '3분'만 기다리면 바로 먹을 수 있는 편한 음식입니다. 때로는 3분을 못 견디다가 설익은 면을 먹기도 하고 반대로 너무 많이 두어서 불은 면을 먹기도 하죠.

그렇다면 왜 하필 '3분'에 시간을 맞춰 놓은 것일까요? 좀더 빨리 먹을 수 없을까 해서 일본에서 1분 라면이 나온 적이 있었다고 해요. 하지만 기대만큼 많이 팔리지는 않았습니다. 3분에 비해 너무 짧기 때문이라고 할까요.

3분이라는 시간에는 많은 의미가 담겨 있다고 해요. 컵라면에 뜨거운 물을 붓고, 기다리는 동안 포장지를 버리고 젓가락도 준비하다보면 면이 익는 냄새가 솔솔 풍깁니다. 일단 냄새를 맡으면 사람들은 입맛을 다시며 침이 고이게 되죠. 그렇게 3분을 기다리는 동안 사람들은 식욕이 적당히 오른 상태에서 컵라면을 먹게 된다고 해요. 1분 혹은 5분은 너무 짧거나 너무 길기 때문에 라면 맛이 생각만큼 맛없다고 합니다.

다시 말해 3분은 라면이 익는 시간이라기보다는 기다리기에 적당한 시간인 것입니다.

바퀴는 원 모양이다.

아주 먼 옛날, 피라미드를 만들 때도 그랬고, 무거운 짐을 옮길 때는 통나무를 쭉 늘어놓아 굴림대를 만들었다고 해요. 바퀴의 첫 모습이었죠.

인간은 바퀴를 발명하고 나서 더 나은 문화를 이룰 수 있었다고 합니다. 사실 우리는 하루도 바퀴 없이 살지 못할 거예요. 자동차나 자전거 등은 물론 시계나 여러 가지 기계 속에도 바퀴는 들어가 있습니다.

마야 문명인들은 바퀴에 대해 알고 있었지만 자기들이 섬기는 태양신과 모양이 같아서 쓰지 않았다고 해요. 그러다가 기원전 3500년경 메소포타미아에서 통나무를 둥글게 자른 원판 바퀴를 사용하였고, 기원전 2000년에서 1500년 사이에 살이 달린 바퀴가 발명되었습니다. 중심과 테두리를 살로 연결했기 때문에 속이 찬 통나무 바퀴보다 더 가볍고 빠르고 부드럽게 굴러갔어요. 대신 바퀴가 돌아갈 때면 축도 같이 돌았습니다.

그러다가 기원전 100년쯤에 덴마크에서는 마차 제조공들이 나무로 '베어링'을 만들어 축을 돌지 않게 해 마찰을 더욱 줄인 바퀴를 만들었지요. 타이어의 경우는 1865년 톰슨이 고무를 이용해서 처음으로 만들었습니다.

만약 바퀴가 삼각형이나 사각형이었으면 어땠을 까요? 각이 있어서 잘 굴러가지 않기도 하겠지만, 돌아가는 동안 높이가 각각 달라집니다. 높았다가 낮았다가...
 아마 자동차 바퀴가 삼각형 모양이었다면 아주 많이 흔들려서 타고 있는 사람들이 정신을 못 차렸을 거예요.

 하지만 원은 모양과 높이가 똑같이 굴러갑니다. 왜냐하면 원은 둘레의 모든 점이 중심으로부터 정확히 같은 거리에 있기 때문입니다. 바퀴의 발명이 위대한 것은 바로 바퀴 모양이 원이기 때문입니다.

발견숫자 16   싸게 많이 판다?

혹시 자신과 같은 옷을 입은 사람을 본 적이 있는가? 마침 나도 그 옷을 입고 있고. 그 때 기분, 묘하다. 왠지 비교가 되는 것 같고 그 멋진 옷이 별로라고 생각된다.

그런데 그 짜증나는 일이 생긴 것. 크~ 학교에 갔는데 내 짝꿍이 나랑 똑같은 티셔츠를 입고 온 것이다. 여자 애랑 같은 옷을 입고 나란히 앉아 있는 내 모습을 생각해 봐라. 웃기다. 같은 반 아이들이 키득거리는 게 그다지 이상한 것도 아니다.

"뭐냐? 둘이 사귀냐? 커플 티야?"

"크크, 어디 유니폼 아니야?"

그 말에 내 짝이 버럭 소리를 질렀다.

"아냐!"

허, 화를 내야 할 사람은 누군데 자기가 더 소리를 질러? 나도 지지 않고 소리쳤다.

"난 어제 대형할인매장에서 산 옷이야!"

"난 지난달에 백화점에서 샀어, 3만원 주고."

엥? 짝의 말에 나는 고개를 갸웃거렸다.

"이상하다. 나는 29000원에 샀는데."

"뭐야? 그럼 이거 가짜 아냐? 유사상표!"

짝이 펄쩍 뛰며 내 목덜미를 뒤집어 상표를 확인했다. 하지만 분명 같은 상표의 같은 옷이었다. 친구들이 나에게 몰려와 물었다.

"야, 어째 30000원 하니까 비싼 거 같은데, 29000원 하니까 싼 거 같다. 그 할인매장이 어디야?"

듣고 보니 1000원 차이지만 내 옷이 훨씬 저렴한 느낌이 들었다. 그런데 어떻게 같은 옷이 가격이 틀릴까? 그러면 싸게 판 곳이 밑지는 거 아닌가?

싸게 많이 팔자!

같은 물건이라도 가게에 따라 가격이 다른 경우가 있어요. 똑같은 물건을 싸게 팔아도 이윤이 남을까 싶겠지만, 많이 팔수록 이익이 남게 된답니다.

예를 들어 A가게에서 30000원 하는 옷을 B가게에서는 29000원에 판다고 해요. 그러면 A가게에서 열 벌을 팔아서 얻는 이익을 B가게에서는 열한 벌을 팔아야 얻을 수 있을 거예요.

A가게 : 30000원×10벌=30만원
B가게 : 29000원×11벌=31만 9천원

언뜻 보기에는 B가게에서 밑지는 것 같죠. 열한 벌을 팔지 못하면 손해를 보게 되니까요.
하지만 소비자는 B가게가 1000원이나 싸기 때문에 A가게보다 B가게를 많이 찾을 거예요. 그러면 B가게는 매상을 많이 올리게 될 것이고 자연히 이익도 많이 남겠죠.

이렇듯 장사에도 숫자는 재미있게 사용됩니다. 20000원과 19900원은 100원 밖에 차이가 나지 않지만 소비자는 무척 싸게 느낍니다. 그래서 가격표에 90원이나 900원 단위로 끝나는 것이 많아요.
보기에는 손해 나는 것 같을지도 모르지만, 소비자가 싸다고 느끼게끔 해서 더 많은 물건을 팔아 이익을 올리는 것입니다.

흥미로운 숫자 미스테리 속의 숫자

피라미드는 밑면은 정사각형이고 옆면은 삼각형인 사각뿔 모양입니다. 세계 7대 불가사의의 하나로 신비롭기 그지없지만, 무엇보다 그 먼 옛날 피라미드에 정확하고 많은 의미가 담긴 숫자를 숨겨 두었다는 데 놀라지 않을 수 없어요.

피라미드 가운데 가장 유명한 것은 '기자 피라미드' 입니다. 우뚝 서 있는 세 개의 피라미드와 여섯 개의 작은 피라미드로 이루어져 있고, 그 가운데 가장 큰 것이 쿠푸 왕의 대피라미드입니다.
대피라미드가 위치한 곳은 지구 대륙의 넓이를 4등분하는 점입니다. 세계 중심에 피라미드를 세우겠다는 이집트 사람들의 의지가 그대로 담겨져 있죠.

그리고 피라미드 높이와 밑면의 둘레를 합한 값의 비율이 1 : 6.28로 원주율에 2를 곱한 값입니다. 원으로 말하자면 반지름과 원의 둘레의 비와 같죠. 원의 둘레=반지름×2×3.14이니까요.
이것은 피라미드에 지구를 담겠다는 생각으로 피라미드 높이를 지구의 반지름, 피라미드 밑면의 둘레를 지구의 둘레로 생각하면 그 비가 딱 맞아 떨어집니다. 뿐만 아니라 피라미드에는 황금비도 들어 있어요. 옆면인 삼각형의 높이와 밑면인 정사각형의 한 변의 길이의 반의 비율이 1:1.618이랍니다.

발견숫자 17 차원이 다른 세계

 내 물건들은 이상하게 잘 없어진다.

 엄마는 나에게 건망증이 심하고 덜렁대기 때문이라고 하지만, 나는 분명히 제자리에 두는데 없어진다. 참 신기하다.

 내가 그런 이야기를 했더니 짝꿍이 희한한 말을 해 주었다.

 "혹 버뮤다 삼각지대라고 알아? 배든 비행기든 그 곳을 지나면 흔적도 없이 사라진대. 사고면 잔해가 있을 텐데 그런 것도 없고, 그냥 깨끗하게 연기처럼 사라진대."

 설마?

 "그뿐이 아니야. 어느 비행기는 몇 년 동안 사라졌다가 아무렇지도 않게 나타나기도 했대. 왜 그런 줄 알아?"

내 짝꿍은 점점 자신의 이야기에 빠져 들어가는 듯 했다. 내가 모르겠다고 고개를 가로젓자 짝꿍은 아주 낮은 목소리로 말했다.

"버뮤다에는 4차원의 세계로 빠지는 길이 있거든."

풋! 4차원이라니. 허~ 역시 남자애들은 어리다니까.

내가 더 이상 이야기를 듣지 않으려고 하자 내 짝꿍은 다시 이야기를 계속했다.

"웃을 일이 아니야. 네가 분명히 그 자리에 두었는데도 사라진다면, 그건 너희 집에 4차원으로 빠지는 길이 있다는 거지. 잘 찾아 봐. 어느 순간 너도 그 차원의 문을 통해 사라질 수도 있어."

계속 이야기를 듣다보니 살짝 겁이 나기도 했다. 차원이라는 게, 도대체 뭘까?

4차원의 세계?

차원이라는 것은 간단하게 말하면 움직일 수 있는 방향의 개수에요. 한 방향으로만 움직일 수 있다면 1차원, 두 방향은 2차원, 세 방향은 3차원이고 네 방향은 4차원이 되는 거죠. 그러니까 앞뒤로만 움직이면 1차원이지만 앞 뒤, 좌우로도 움직일 수 있다면 2차원이 되겠죠?

쉽게 동물을 예로 들자면 개미는 2차원 세계에 살고 있어요. 두 방향으로 움직이지만 평면에 살고 있으니까요. 하지만 새는 달라요 하늘을 날아다니기 때문에 3차원에 살고 있다고 할 수 있어요. **차원이 높은 곳에서 낮은 곳으로는 갈 수 있지만, 낮은 곳에서 높은 곳으로 갈 수는 없어요.** 그러니 2차원에서 살고 있는 개미에게 3차원에 사는 새는 놀라운 존재가 되겠죠.

거기에 **시간이나 새로운 공간을 붙여 4차원을 만들었어요.** 시간에 자유롭지 않은 한 4차원을 이해하기는 아직 어려울 거예요. 마치 개미가 새의 세계를 이해하지 못하듯이 말이에요.

축구공은 구(球)가 아니다.

축구공이 동그랗게 보이지만 사실 동그란 모양이 아니라면, 믿을 수 있겠어요?

축구공은 정확히 말하자면 정이십면체입니다. 정오각형 열두 개와 정육각형 스무 개로 이루어졌죠.

꼭지점 60개와 모서리 90개로 이루어진 다면체에 바람을 넣어 동그란 모양으로 보이는 거예요.

정다면체는 각 면이 모두 합동인 정다각형으로 이루어져 있고, 각 꼭지점에 모이는 면의 개수가 모두 같은 다면체를 말해요. 정사면체, 정육면체, 정팔면체, 정십이면체, 정이십면체 이렇게 정다면체는 모두 다섯 개가 있습니다.

고대 그리스의 철학자 플라톤은 다섯 개의 정다면체에 특별한 의미를 부여하여 세상을 구성하는 다섯 요소와 연결했습니다. 그래서 정다면체를 '플라톤의 입체'라고도 합니다.

각각 살펴보면 정사면체는 가볍고 날카로워 보여 불을 상징하고, 정육면체는 상자모양으로 안정돼 보여 흙을 나타냅니다. 정팔면체는 공기를, 정이십면체는 유동성이 높은 물을 나타냅니다.

발견숫자 18 주민등록번호

개인의 고유숫자

우리 나라 사람이라면 누구나 태어나면 주민등록 번호를 가지게 됩니다.

주민등록증이 처음 발급된 것은 1968년 11월 21일부터입니다. 그 전에는 시민증이나 도민증이 신분증을 대신했습니다. 그러다가 1962년 5월에 주민등록법이 생기면서 주민등록 번호가 생겼지요. 당시 박정희 대통령과 육영수 영부인은 주민등록 번호로 110101-100001과 110101-200002이라는 번호를 받았다고 해요.
열두 자리로 이루어졌던 주민등록 번호는 앞의 여섯 단위는 지역, 뒤의 여섯 단위는 세대와 개인번호를 나타낸 것이었어요.

그러다가 1975년에 열세 자리가 되었습니다. 열세 자리로 이루어진 주민등록 번호는 개인의 고유 숫자로, 같은 주민등록 번호를 가진 사람은 없어요. 물론 이 숫자에는 하나하나 의미가 담겨 있습니다.

앞의 숫자 여섯 개는 생년월일을 나타냅니다. 그리고 뒤의 숫자 일곱 개에는 개인의 정보가 들어 있어요. 우선 앞자리에 남자는 1, 여자는 2로 시작됩니다.

2000년 이후에 태어난 사람은 남자는 3, 여자는 4로 시작해요. 남녀 성별을 나타내는 번호는 100년에 한 번씩 바뀝니다. 그러니까 1800년에 태어난 사람들은 남자는 9, 여자는 0으로 시작합니다. 그

개인의 고유숫자

리고 두 번째부터 다섯 번째 숫자는 주민등록을 신청한 곳의 지역번호입니다.

여섯 번째 숫자는 그 날 출생 신고를 한 사람의 순서입니다. 그래서 여섯 번째 숫자는 대부분 1 아니면 2예요. 아무래도 같은 동네에서 같은 날 태어난 사람은 적을 테니까요.

마지막 숫자는 체크숫자입니다. 앞의 번호가 정상적인 숫자인지 확인하는 거죠. 주민등록번호가 진짜인지 가짜인지는 바로 이 번호를 가지고 가리는 것입니다.

조금 복잡한데, 체크숫자를 제외한 열두 개의 숫자에 각각 2, 3, 4, 5, 6, 7, 8, 9, 2, 3, 4, 5 숫자를 곱해서 더한 다음, 11로 나누세요. 그리고 몫을 버리고 나머지를 11에서 빼면 됩니다.

흥미로운 숫자 소설 속의 숫자

'걸리버 여행기'는 걸리버가 난파되어 세상 이곳저곳 떠돌아다니면서 겪은 이야기를 담은 여행기로, 신기하고 이상한 나라 이야기도 많습니다.

한번은 걸리버가 파도에 휩쓸려 어느 해변가로 떠내려왔는데, 정신을 차리고 일어나려고 했더니 꼼짝도 할 수 없었어요. 힐끗힐끗 곁눈질로 봤더니 자신의 몸이 수 백, 수 천 가닥의 가는 밧줄에 묶여 있었습니다. 바로 소인국인 '릴리파트'의 나라였습니다.

다행히 릴리파트인들은 걸리버를 잘 맞이해 주었어요. 작지만 집도 지어 주고 걸리버 한 명을 위해 수백 명이 1728명분의 음식을 만들어 주었습니다.

그런데 왜 하필이면 1728명분이었을까요? 그 이유는 걸리버가 릴리파트인보다 12배나 컸기 때문이에요. 이 작품을 쓴 '스위프트'는 걸리버가 소인들의 12배라고 해서 먹을 것이 12배로 늘어나야 된다고 생각하지 않았어요. 부피가 12배가 되어야 한다고 생각했습니다. 그래서 12를 세 번 곱한 1,728이 된 것입니다.

걸리버 여행기 이외에, '알리바바와 40인의 도둑'에서 도둑이 40인 이것도 다 이유가 있답니다. 알리바바와 40인의 도둑은 이슬람교가 중심인 나라들의 이야기예요.

이슬람에서는 40을 신성한 숫자로 여겨요. 손톱과 발톱은 40일에

한 번씩 깎는 풍습이 있고, 터키에서는 영웅들의 결혼식 때 40일 동안 밤낮으로 잔치를 해요. 마호메트도 40살에 계시를 받았다고 하고, 이슬람교의 구세주인 '마디'는 40일 동안 세상에 머물다가 부활할 때 40일간 연기로 뒤덮여 있었다고 해요.

　이슬람 문화에서 40은 신성하고 특별한 숫자입니다. 괜히 40인의 도둑이 아닌 것입니다.

메　모　　　　5 0 4 8 3 2

발견숫자 19 **신용카드의 숫자**

비상 비상!

엄마랑 함께 쇼핑을 나갔는데, 그만 엄마 지갑이 없어지고 말았다! 잠깐 물건을 고르느라 한눈 판 사이에 소매치기 당한 거 같다.

어쩐지,

사람이 별로 많지도 않았는데 한 아줌마가 밀어대더라니, 그 아줌마가 용의자! 하지만 이미 어디로 사라진 건지 알 수 없으니 지갑을 찾는 것은 불가능했다.

다행히 쇼핑을 거의 다 한 상태라 엄마 지갑에는 돈도 별로 없었지만, 문제는 카드였다. 혹시라도 엄마 신용카드를 함부로 사용하면 어쩌나 싶어서 그게 걱정이었다.

엄마는 재빨리 카드 회사에 전화를 걸어 카드 분실 신고를 했다.

"휴, 이럴 줄 알았으면 카드 번호를 따로 적어 둘 걸."
 엄마는 전화를 끊으면서 한편으로는 안도의 한숨을, 한편으로는 속상한지 깊은 한숨을 내쉬었다.

 그런데 카드 번호라? 가만 가만, 그러고 보니 신용카드에 독특한 글씨체로 복잡한 숫자가 적혀 있던 것이 가물가물 기억이 나네.
 그 복잡한 숫자들은 과연 무엇일까?

메 모	5 0 4 8 3 2

암호가 아닐까?

신용카드에도 바코드와 마찬가지로 '체크숫자'가 있습니다. 이 체크숫자를 구하기 위해서 간단한 계산을 해야 하는데, 신용 카드의 숫자는 회사마다 조금씩 다릅니다.

'비자카드'는 4로 시작하는 13자리 또는 16자리의 번호이고, '아메리칸 익스프레스 카드'는 34나 37로 시작하는 15자리 숫자입니다. 하지만 체크숫자는 같은 방법으로 정해져요. 우선 홀수 번째 숫자들에 2를 곱해서 적고, 그 다음 곱한 답의 각각의 자릿수 값을 모두 더하세요.

그리고 맨 앞에서부터 짝수 번째 숫자들은 그냥 더합니다.

두 수를 더해서 10의 배수가 되기 위해 정해지는 숫자가 바로 마지막의 체크숫자에요.

대부분의 체크숫자가 이러한 방법으로 정해지는데, 단 아메리칸 익스프레스 카드는 시작 숫자인 34나 37을 계산에 넣지 않습니다.

신용카드의 번호가 1234 5678 9012 456*이라면,
$1 \times 2 = 2$, $3 \times 2 = 6$, $5 \times 2 = 10$, $7 \times 2 = 14$, $9 \times 2 = 18$, $1 \times 2 = 2$, $4 \times 2 = 8$, $6 \times 2 = 12$

위에서 계산된 값의 자리 숫자를 모두 더하세요.
$2+6+1+0+1+4+1+8+2+8+1+2=36$

이번에는 신용카드의 짝수 번째 수를 모두 더합니다.
$2+4+6+8+0+2+5=27$

두 식에서 구해진 답을 더하면 $36+27=63$.

10의 배수가 되려면 7이 필요하므로 체크숫자는 '7'입니다.

보온병은 왜 원기둥인가?

 네모난 수박, 세모난 김밥 등 요즘은 고정관념을 깨뜨리고 색다른 모양의 제품들이 많이 등장했습니다. 그런데 음료수 캔과 보온병만은 원기둥이에요.

 용기들은 이왕이면 재료를 적게 들이고 많은 액체를 담을 수 있어야 합니다. 예를 들어 밑면의 모양이 정사각형, 정삼각형, 원이고 일정한 높이를 가지는 사각기둥, 삼각기둥, 원기둥으로 캔 음료수 통을 만든다고 해요.
 그러면 액체를 담게 되는 양은 밑면의 넓이×높이가 되겠죠. 이 때

음료수통을 만드는데 필요한 재료의 양은 밑면의 넓이를 똑같이 했을 때, 옆면을 만드는데 필요한 양을 따져 보면 돼요. 옆면의 넓이는 밑면의 둘레×높이로 구할 수 있습니다.

 만약 밑면적이 100제곱센티미터라고 했을 때, 같은 면적을 한 각 도형의 둘레 길이는 정사각형이 40cm, 정삼각형이 45.6cm 그리고 원은 35.4cm정도입니다.
 따라서 둘레가 가장 작은 원이 옆면을 만드는데 드는 양이 적게 들고 전체적으로 용기를 만드는데 가장 저렴하게 만들 수 있다는 거죠.

 그렇기 때문에 보온병을 비롯해 대부분의 캔 음료수들이 같은 양을 담더라도 재료가 가장 적게 드는 원통형인 것입니다.
 물론 원통형이 가장 적은 비용이 드는 것은 아니에요. 공처럼 둥근 구가 사실은 가장 비용을 줄일 수 있습니다. 하지만 잘 구르기 때문에 진열하기도 힘들고 실용적이지도 않지요.

 또한 탄산음료의 경우는 탄산 때문에 통 안쪽에서 강한 압력을 받기 때문에 원통으로 만들 수밖에 없다고 해요. 원기둥이 압력을 가장 잘 견디는 구조이기 때문이죠. 캔을 다른 모양으로 만들면 어쩌면 탄산의 압력을 이기지 못하고 통이 터져버릴지도 모릅니다.

발견숫자 20 운동 선수들의 번호

아빠랑 단둘이 축구 경기장에 갔다. 운 좋게 얻은 표인데 엄마랑 누나는 갈 생각도 하지 않아서 내 차례가 된 것이다. 2002 한일 월드컵 이후로 여자들도 축구를 좋아하게 되었다는데 우리집은 예외인 것 같다. 그 덕분에 나만 신났다. 태어나서 처음으로 나는 축구장에 가서 직접 시합을 볼 수 있게 되었으니까.

그런데 축구장에 도착하자마자, 어라? 뭐야, 축구장이 이렇게 넓었어? 텔레비전으로 볼 때랑 완전히 달랐다. 우리 자리가 뒤쪽인 것도 문제지만, 선수들의 얼굴을 알아보는 게 거의 불가능 했다. 경기가 시작되었지만 공이 누구에게 패스 되는지 정말 알 수 없었다. 그냥 골키퍼를 제외한 스무 명의 선수들이 몰려다니는 것뿐.

"어, 이렇게 되면 오히려 텔레비전으로 보는 게 나을 뻔한 거 아냐?"
 나는 투덜거리는데 아빠는 선수들 이름을 부르면서 운동장을 향해 마구 소리쳤다.
 "이만수 파이팅! 그래그래, 안정안 슛, 슛!"

 어떻게 아빠는 선수들을 알아보는 걸까? 그래서 나도 자세히 봤더니, 아뿔싸! 선수들 등번호가 있었지!
 그제야 경기장에서는 선수들을 얼굴이 아니라 등번호로 확인하는 것이 더 낫다는 것을 알았다. 그렇게 한참 경기를 응원하는데, 드디어 기다리던 골이 터졌다.
 "와! 역시 안정안이야.
 그래! 네가 달리 10번이냐, 번호 값을 하는구나!"

 아빠는 신이 나서 방방 뛰면서 소리치셨다.
 흠, 번호 값이라니?

당신의 번호는 얼마인가요?

 경기장이 넓거나 많은 선수들이 한꺼번에 몰려 있으면 누가 누구인지 구분하기 어렵습니다. 하지만 선수들의 등번호를 보면 '아, 어떤 선수구나' 하고 알 수 있습니다.

 대부분의 등번호는 선수가 좋아하는 숫자로 정해집니다. 그런데 나름대로 '명품' 등번호가 있답니다.
 축구 선수들의 경우, 최고의 선수 등번호는 거의 '10번' 입니다. 세계적으로 그라운드의 영웅이자 최고의 플레이어에게만 10번이 주어지는데, 그 이유는 축구의 황제 '펠레'의 등번호가 10번이었기 때문입니다.

 지난 2002년 월드컵 때도 우승 팀인 브라질의 10번 선수는 '히바우두'였습니다. 다섯 경기에서 연속으로 골을 뽑아 낼 정도로 최고의 선수였죠. 이탈리아 팀의 '토티'도 10번이었고 프랑스의 '지단' 역시 10번입니다.
아르헨티나에서는 '마라도나'가 10번을 달고 경기를 뛰었는데, 지금은 그 번호를 비워두고 대신 9번과 11번을 최고의 선수들이 사용합니다.
 우리 나라의 '히딩크' 감독도 등번호에 대해 별 간섭을 하지 않았지만 유독 10번은 자신이 생각하는 선수에게 주겠다고 했어요. 월드컵 때 10번을 단 선수는 '이영표' 선수였습니다.

10번 다음에 주목받는 숫자는 양 옆의 9번과 11번입니다. 9번은 센터 포워드의 번호로 '호나우도'가 등번호 9번을 달았고, 11번은 팀 내에서 발이 빠른 공격수의 번호로 차범근 선수가 독일에서 11번을 달고 뛰었습니다.

또한 골키퍼는 대부분 1번을 달아요. 2002년 월드컵 때는 아예 골키퍼는 1번을 달아야 한다고 정하기도 했습니다. 실제로 독일의 '칸'이나 우리 나라의 '이운재' 선수 역시 등번호 1번을 달고 경기에 출전했습니다.

야구선수들의 등번호

야구에도 척 보면 알 수 있는 등번호가 있었어요. 물론 요즘 프로 야구 선수들은 자신이 마음에 드는 번호를 달지만 말이에요.

1 - 투수 2 - 포수 3 - 1루수 4 - 2루수 5 - 3루수
6 - 유격수 7 - 좌익수 8 - 중견수 9 - 우익수

흥미로운 숫자

1. 한 치 앞도 못 본다
한 치는 3.03cm입니다.
제주도의 오징어 '한치'는 다리가 짧아서 한치라는 이름이 붙었어요.

2. 천 리 길도 한 걸음부터
1리는 392.727m입니다. 그러니까 392.727km의 길도 한 걸음부터라는 소리죠.

3. 삼 척 동자도 다 안다
1척은 30.3cm입니다. 그러니까 삼척동자는 단 1m도 안 되는 어린아이도 다 아는 사실이라는 뜻이예요.

4. 입이 천 근 같이 무겁다
1근은 600g입니다. 그러니까 천근이면 600kg이죠.

5. 되로 주로 말로 받는다
말은 되의 열 배입니다. 한 되가 1.8ℓ 이니까, 한 말은 18ℓ 인 셈이죠.

6. 구슬이 서 말이라도 꿰어야 보배
한 말이 18ℓ 니까 구슬 서 말은 54ℓ 죠.

7. 천 길 물 속은 알아도 한 길 사람 속은 모른다
한 길은 사람의 키 정도의 길이입니다.

8. 어림 반 푼 없는 소리
푼은 여러 가지 단위에 쓰였는데, 우선 옛날 엽전의 단위로 한 돈은 10분의 1입니다. 그래서 보통 적은 액수를 뜻하죠.
무게로는 한 돈의 10분의 1이고 길이로는 한 치의 10분이 1입니다.

9. 수염이 석 자라도 먹어야 양반
한 자는 30cm입니다. 그러니까 석 자는 90cm을 뜻하죠.

발견숫자 21 약은 꼭 식후 30분에 먹어야

환절기에는 감기 조심해야지, 아침저녁으로 쌀쌀해진다 싶더니 감기에 걸리고 말았다. 다행히 열이 나는 것은 아니라 학교는 다녀왔지만, 콧물에 재채기가 아무 때나 터지는 바람에 꼴이 말이 아니다. 훌쩍! 콧물을 들이마시다가 순간 에취! 하고 재채기가 나가고 만다. 그러다 보니 킁! 하고 하루 종일 코푸느라 휴지 한 통이 금방 동이 나고 말았다. 보다 못한 엄마가 말했다.

"딸! 병원에 가자. 너 아픈 것도 아픈 거지만 옆에 있는 사람이 도저히 불편해서 안 되겠어!"

결국 엄마 손에 이끌려 병원을 찾았다. 진찰을 받고 주사까지 맞고는 약 처방전을 들고 약국에 갔다.

약사가 조제한 약봉지에 표시를 하며 말했다.

"식후 30분마다 하루 세 번 드세요."

약봉지를 받아들고 집에 와서 바로 약을 먹으려는 순간, 귓가에 울리는 그 소리. '식후 30분'. 밥을 먹은지 한참 지났는데 약을 먹어도 될까? 뭐, 먹어도 큰일은 안 나겠지만 왜 약은 꼭 식후 30분에 먹으라는 걸까? 밥을 먹기 전이나 밥을 먹자마자 약을 먹으면 안 되는 이유라도 있는 걸까?

약봉지의 식후 30분에는 어떤 뜻이 담겨 있는 걸까?

밥먹은지 한참 지났는데...

　약물 흡수가 잘 되는 시간은 솔직히 말해 식후 30분이 아니라, 식전 30분이나 식후 2시간 후인 속이 비었을 때입니다.
　하지만 아무 것도 먹지 않은 상태에서 약을 먹으면 속이 쓰리거나 위장 장애를 일으킬 수 있습니다. 그렇기 때문에 밥을 먹은 다음에 약을 먹도록 하는 것입니다.
　약의 효과를 최대한으로 얻기 위해서라기보다 위장 장애가 일어나지 않기 위해 식후 30분에 약을 먹는 것이 좋다는 거죠.

　사실 감기 약은 식후 30분에 복용하는 것이 보통이지만 물약은 식전 30분에, 진정제나 해열제는 식전 1시간이나 식후 2시간에 먹는 것이 효과는 가장 크다고 해요.

　또한 약은 일정한 시간을 두고 먹어야 약의 효과가 지속적으로 유지할 수 있습니다. 그러려면 시간에 맞추어 먹어야 하는데, 자칫하면 시간을 넘길 수가 있어요. 하지만 식사시간은 어느 정도 일정하기 때문에 약 먹는 것을 잊을 염려가 적기 때문에 약은 식사 후에 먹으라는 거예요.

흥미로운 숫자 같은숫자 다른느낌

아라비아 숫자는 거의 세계 공통어 같은 것입니다. 말은 통하지 않아도 아라비아 숫자만은 통하니까요.

그런데 방글라데시에서는 수학 교과서에도 자동차 번호판에도 전화번호부에도 아라비아 숫자는 찾아 볼 수 없습니다. 모두 '방글라 문자'로 사용하기 때문입니다. 물론 여행객을 위해 아라비안 숫자가 적힌 공중전화가 따로 있기는 하지만, 상가에서는 대부분 방글라 문자를 사용하기 때문에 관광객들은 처음에는 몹시 당황한다고 해요.

우리 나라에서 숫자를 셀 때도 1부터 10까지만 알면 다음에는 반복해서 100까지 세는 것이 쉽습니다. 영어도 1부터 20까지만 외우면 100까지 세는 데에도 크게 어려움이 없어요. 그런데 방글라 문자는 1부터 100까지 하나하나 외워야 한다고 합니다.

방글라데시 사람들이 이렇게 어려운 숫자를 사용하는 이유는 아라비안 숫자가 외국에서 들어온 것이기 때문이라고 해요. 영어 숫자라고 부르면서 오직 방글라 문자만을 고집한다고 합니다.
하지만 초등학교에 입학을 해서 1에서 100까지 외우는데 보통 2년 정도 걸릴 정도로 숫자 헤아리는 것이 어렵고 불편해서 많은 사람들이 제대로 숫자를 세지 못한다고 해요.

한편 네덜란드도 숫자 읽는 것이 독특합니다. 네덜란드는 2002 한일 월드컵 이후 우리와 아주 가까워진 나라로 풍차의 나라, 튤립의 나라로 유명하죠.

보통 우리는 숫자를 읽을 때 큰 단위에서 작은 단위를 읽습니다. 15를 '십 오' 처럼 말이죠. 그런데 네덜란드에서는 반대랍니다. 작은 단위를 먼저 읽어요. 1부터 12까지는 똑같이 십단위를 읽고 일 단위를 읽는데, 13부터는 재미있어집니다. '십 삼'이 아니라 '삼 십', '십 사'는 '사 십' 이런 식으로 말이죠. 20, 30 같은 숫자를 나타내는 단어는 따로 있고요.

100이 넘어가면 백 단위를 읽은 다음 십 자리와 일의 자리를 위와 같은 방법으로 읽습니다.

발견숫자 22   모니터와 스크린 비율

올해 고등학교에 들어가는 형을 위한 아빠의 특별 축하 입학 선물은 컴퓨터다. 그 동안 아빠가 쓰던 것을 함께 썼는데, 아빠가 형과 나 둘만의 컴퓨터를 하나 장만해 준다고 해서 기분 좋게 매장에 들어갔다.

"특별히 찾으시는 거 있으세요?"
매장 직원의 말에 아빠는 이것저것 둘러보며 말했다.
"고등학생이 쓸 거니까 아주 고급은 아니어도 될 것 같은데......."
아빠 말이 떨어지는 순간 매장 직원은 녹음된 테이프가 돌아가듯 말이 줄줄 흘러 나왔다.
"아, 그러시면 이 제품이 딱입니다. 곧 수험생이 될 테니까 수험생을 위한 제품입니다. 특히 모니터가 LCD라 화질도 좋고요. 모니터는 15인치부터 있지만 요즘은 19인치까지 크기도 다양합니다."

나는 슬쩍 직원이 말하는 모니터를 봤다. 눈으로 보기에도 조금씩 크기가 다른 것이 세 개 나란히 있었다.
그러고 보니 인치는 텔레비전 화면 크기를 말할 때도 사용하잖아? 27인치 29인치……. 그렇다면 텔레비전이나 컴퓨터 모니터 크기를 말하는 숫자는 어떤 의미를 가지고 있는 걸까?

어디가 19인치라는 거지?

텔레비전 크기는 화면을 기준으로 합니다. 브라운관의 크기에 따라 27인치, 29인치라고 해요. 이 크기는 화면의 가로나 세로의 길이가 아니라 화면의 대각선 길이입니다. 컴퓨터 모니터 역시 대각선 길이에 따라 15인치, 17인치 모니터로 불립니다.

텔레비전 브라운관과 모니터가 정사각형이 아니라는 것은 알 거예요. 텔레비전 브라운관, 컴퓨터 모니터의 비율은 가로 세로의 비가 4대 3입니다.

하지만 극장 스크린의 비율은 가로 세로 16대 9로 조금 다르죠. 그 이유는 극장이라는 넓은 곳에서 영화를 볼 때 4대 3비율은 화면이 갑갑하게 느껴지기 때문이에요. 사람들은 좀더 거대하고 웅장한 화면으로 영화를 보기를 원했고, 그렇게 해서 만들어진 비율이 16대 9입니다.

흥미로운 숫자 몸으로 재는 단위

먼 옛날에는 사람의 몸을 이용해 길이의 기준을 만들었습니다. 우선 한 치 두 치의 '치'는 손가락 하나의 너비를 말한 거예요. 3.03cm입니다. 한 뼘은 다 알 거예요. 손가락을 쫙 폈을 때 엄지손가락에서 새끼손가락까지의 길이입니다. 아름은 두 팔을 다 펼쳤을 때의 길이예요.

물 속 깊이를 잴 때는 한 길, 두 길 하면서 사람의 키를 기준 하였고, 포목을 잴 때는 한 발, 두 발 하면서 양팔의 길이가 기준이었습니다. 그리고 한 주먹으로 쥘 수 있는 양을 한 홉이라 하였으며 열 홉이 한 되, 열 되가 한 말입니다.

서양의 경우도 마찬가지예요. 인치는 엄지손가락 너비 만큼이고 큐빗(성경에 언급된 고대의 척도)은 손가락을 쫙 편 상태에서 그 끝에서 팔꿈치까지, 피트는 보통 사람의 발의 길이를 기준으로 했어요.

그런데 사람들이 저마다의 몸을 기준으로 하다보니 길이가 조금씩 달라져 많이 불편했습니다.

그래서 정확하게 기준을 정해 단위로 만

들었어요. 대부분의 길이 단위는 사람 몸을 기준으로 합니다. 그러다가 1m 같이 정확하게 된 것은 200년 정도 전입니다.

200년 전만 해도 프랑스는 신분의 차이가 심했습니다. 귀족은 왕에게 넓은 토지를 받아 평민에게 사용하게 하고 세금을 많이 거두어갔어요. 그 때 자나 저울이 각각 달라 불편하고 눈속임도 많았습니다.

그러다가 1789년에 프랑스 대혁명이 일어나면서 정부는 자나 저울 등의 도량형을 고치기로 했습니다. 더 이상의 분쟁을 막기 위해서죠.
그래서 1791년, 프랑스의 대학자들은 지구의 남극에서 북극까지의 거리, 즉 자오선의 2천만 분의 1을 단위로 삼자고 정하고, 자오선의 길이를 정확히 재는 작업에 들어갔습니다. 그 기간 동안 프랑스 혁명과 스페인과의 전쟁 등 불안한 때라서 측량은 그리 쉽지 않았습니다.

드디어 1799년에 10진법에 의한 미터법이 채택되고, 1875년에 미터 조약이 생겼어요. 우리 나라는 1963년부터 미터를 사용하고 있습니다.
그 후로는 1983년 국제 도량형 총회에서 진공 상태에서 빛의 속도 2억 9979만 2458m/s를 바탕으로, 1m는 1초의 2억 9979면 2458분의 1 시간 동안 빛이 진공솔을 지나는 길이로 정하고 있어요.

발견숫자 23   아홉수를 조심하라!

스물아홉, 구미호 이모!

흔히 어른들이 아홉수를 조심하라는 말을 많이 해요. 19살, 29살, 39살 등 9살이 들어가는 해에는 특별히 조심하라고 말입니다. 그래서 29살에 결혼하는 것도 피하고 59살에 생일 잔치 하는 것도 꺼렸습니다.

예로부터 10은 특별한 숫자입니다. 한 묶음을 짓는 완성의 의미였어요. 물건을 셀 때도 10묶음씩하고 강산도 10년이면 변한다는 등 10, 10년을 기준으로 삼는 일이 많았습니다.

그런데 완벽한 숫자 10에서 하나가 빠져버린 9는 불길하고 불완전한 숫자가 되었습니다. 마지막이라는 느낌의 숫자가 되어 버린 거죠. 그래서인지 야구에서도 9회 말이면 아슬아슬한 느낌을 주고, 1999년에도 9가 세 개나 겹쳐있어 모두 마지막이라는 생각에 종말론으로 세상이 들썩거리기도 했습니다.

하지만 숫자라는 것은 그 때 그 때 느낌이 다른 거예요. 절대적인 것은 아니므로 괜히 숫자에 얽매일 필요는 없습니다. 혹시 9살을 넘어 새로운 20대, 30대, 40대 등이 될 때 마음가짐을 잘 하라는 의미에서 아홉 수를 조심하라고 했던 것은 아닐까요?

 바이오리듬

 사람 몸에는 일정한 리듬이 있어서 컨디션이 좋아지기도 하고 나빠지기도 해요. 이를 '바이오리듬' 이라고 합니다.
 서양 의학의 원조라고 하는 '히포크라테스' 도 바이오리듬을 연구해, 환자의 컨디션이 좋은 날과 나쁜 날을 구분해서 치료하기도 했대요.
 지금의 바이오리듬은 1906년 독일의 '프리츠' 가 발견한 것입니다. 프리츠는 환자를 치료하면서 환자 상태에 일정한 주기가 있다는 것을 발견하고 꼼꼼하게 조사를 한 결과, 신체는 23일, 감성은 28일을 주기로 리듬이 있다는 것을 알았습니다. 그리고 30년 후, 오스트리아의 '텔쳐' 라는 사람이 33일을 주기로 지성리듬이 있다는 것을 발견했지요.

 바이오 리듬은 유전이나 체질 등에 따라 개인마다 리듬이 조금씩 다르지만, 보통 남자는 신체 리듬에 그리고 여자는 감성리듬에 지배받기 쉽다고 합니다.
 이 바이오리듬을 한 눈에 알아볼 수 있도록 그래프를 그리면 0을 기준으로 플러스와 마이너스를 오가는 큰 폭의 곡선이 그려져요. 이 곡선은, 아마 나중에 배우겠지만, 삼각비를 그래프로 그린 사인 곡선과 비슷하지요.
 바이오리듬을 알고 있으면 자신의 컨디션을 미리 알 수 있어서 도움이 됩니다. 공부를 하거나 다른 일정을 자신의 신체 리듬에 따라 조절한다면 보다 효과적인 결과를 얻을 수 있으니까요.

종이컵에 담긴 비밀

　일회용 종이컵에도 여러 가지 생각이 담겨있답니다.
　우선 종이컵은 보통 컵에 비해 위보다 아래가 좁아요. 언뜻 보기에는 불안해 보이지만, 공간을 절약하기 위한 아이디어가 숨어 있습니다. 바로 겹쳐 놓기 편하도록 하기 위한 거죠.
　만약 종이컵의 위와 아래의 크기가 같거나 또는 위가 좁다면 컵을 겹쳐 놓을 수 없을 거예요. 컵 길이만큼의 공간이 필요할 것입니다. 하지만 종이컵은 위가 아래보다 조금 더 넓기 때문에 겹쳐 놓기 편해서 자동판매기 같은 좁은 공간에도 많은 양의 종이컵을 쌓아놓을 수 있습니다.

　그리고 종이컵 아래에는 약간 공간이 있는 받침이 있습니다. 이 받침은 종이컵을 잘 세워주는 역할도 하고, 종이컵을 아주 튼튼하게 한답니다. 만약 이 받침이 없다면 종이컵을 잡은 손의 힘 때문에 컵이 구겨질 거예요. 그러나 받침이 손의 힘을 받쳐주기 때문에 물이 든 종이컵을 잡아도 잘 구겨지지 않아요.
　또 종이컵은 위쪽에 종이가 약간 말려 있습니다. 주로 액체를 담는 종이컵은 안쪽에 비닐코팅이 되어 있지만, 입을 대고 먹다보면 자칫 눅눅해져서 우그러들 수 있습니다. 그래서 입이 닿는 부분에 비닐코팅이 된 안쪽을 바깥으로 말아 놓아 젖지 않도록 한 것이고, 또한 종이를 말아 안에 약간 공간을 만들어 놓아 같은 양의 종이라도 훨씬 큰 힘을 받을 수 있도록 한 것입니다.

발견숫자 24 몸으로 느끼는 숫자들

신체검사는 우울하다.

왜 자라라는 키는 안 자라고 늘어나지 말라는 몸무게만 늘어나는 걸까. 그리고 비만도 측정이라니! 이건 숙녀에게 정말 실례 아냐? 그렇지 않아도 요즘 통통하다는 소리를 들어서 신경이 바짝 서 있는 통에 말이다. 더군다나 교실에서 맨 앞자리에 앉으니 여러가지로 신경 쓰인다.

키를 재는 순서가 되자, 나는 어떻게든 키가 커 보이도록 살짝 까치발을 들었다. 순간 선생님의 따끔한 한 마디!

"까치발, 사람 발 되도록 뒤꿈치 내려라."

여기 저기서 아이들이 키득키득 웃는 소리가 들렸다.

에고~ 너희들은 땅꼬마라고 불리는 내 심정을 모를 것이다.

이번에는 몸무게. 몸무게가 조금이라도 덜 나오게 신체검사 하기 전

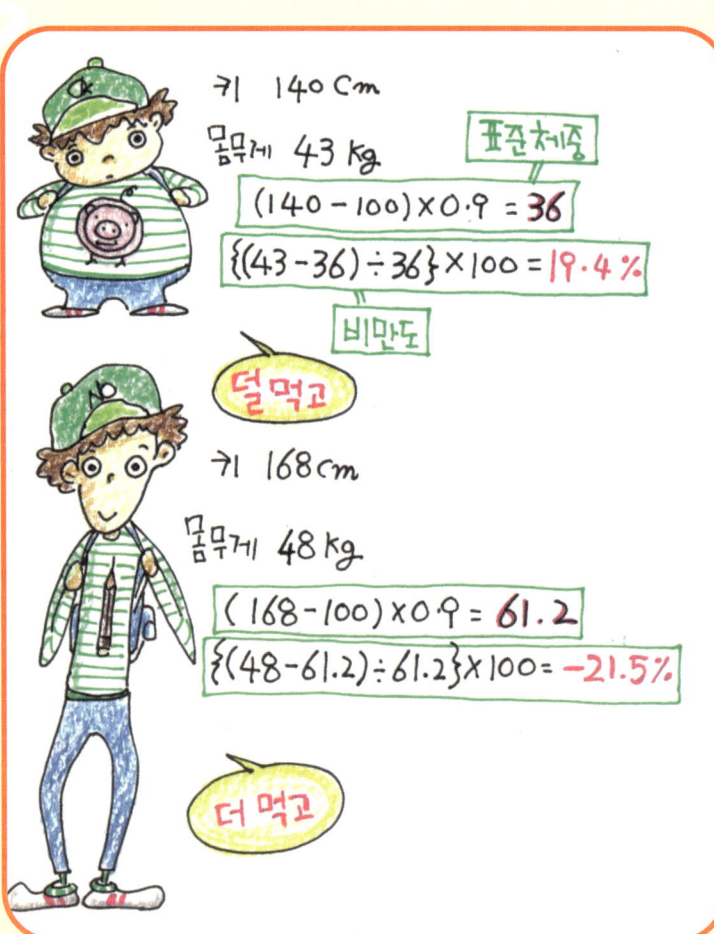

날 저녁도 안 먹고 아침도 안 먹고, 기운이 쫙 빠진 상태로 학교에 갔는데, 하늘도 무심하시지! 저울에 올라가는 순간 바늘이 사정없이 돌아가고, 비만도마저 높게 나오고 말았다. 게다가 짝한테 들켰으니, 정말 왕짜증!

"우하하! 비만도 15%가 뭐냐? 돼지!"
헉, 그냥 통통하다는 말이 그놈의 비만도 때문에 순식간에 돼지가 되어버리다니.
"그러는 너는?"
짐짓 아무렇지도 않게 말했다.
"내가 너냐? 난 너처럼 지방 안 키워. 이 단단한 근육 좀 봐. 네 지방 덩어리하고는 차원이 다르다고."
아, 저 잘난 체! 정말 불쾌지수가 팍팍 올라가지 않을 수 없다.
그나저나 비만도는 어떻게 정하는 거지? 정말 정확한 걸까?

몸의 느낌을 숫자로 나타낸다고?

비만은 몸 안에 지방이 많은 상태예요.
심하면 심장병이나 당뇨병, 퇴행성관절염 등 많은 병을 가져오게 되죠. 간단하게 '비만도'를 측정하는 계산법을 알려 줄게요. 물론 여러분은 한참 자랄 때이므로 절대적인 것은 아니고 또 말랐다고 해도 체지방이 많으면 마른 비만형이 될 수 있으니까요.

표준체중 = (키-100)×0.9
비만도(%) = {(실제체중-표준체중)÷표준체중}×100
비만도가 10~19%면 뚱뚱한 것이고, 20%가 넘으면 비만입니다.

만약 키가 140cm에 몸무게가 40kg이라면,
표준체중 = (140-100)×0.9 = 36
비만도(%) = {(40-36)÷36}×100 = 11.1%
따라서 약간 비만이네요.

비만도 외에 우리 몸으로 느낄 수 있는 숫자는 또 있습니다. 바로 '불쾌지수'예요. 여름이 되면 일기예보에서 불쾌지수를 말해 주죠.
불쾌지수는 건구 온도 즉 일반 온도와 습구 온도를 가지고 계산합니다. 일반 온도에 습구 온도를 더한 다음, 0.72를 곱하고 40.6을 더해 계산합니다.

불쾌지수 = 40.6+0.72(건구 온도+습구 온도)

습한 날에는 일반 온도와 습구 온도 차이가 크기 때문에 불쾌지수가 높아지는 거예요. 건조할 때는 두 온도 차이가 크지 않기 때문에 자연히 불쾌지수는 낮아지는 거죠.

흔히 불쾌지수가 70이상이면 열 명 가운데 다섯 명이 불쾌감을 느끼고 75인 경우는 아홉 명, 80이상인 경우는 대부분 불쾌감을 느낀다고 해요. 하지만 사람에 따라 더위를 느끼는 정도가 다르듯 불쾌지수도 사람에 따라 조금씩 다릅니다.

겨울에 일기예보를 잘 들어 보면 최저 기온, 최고 기온 이외에 체감 온도가 올라가거나 떨어진다는 말을 들은 적이 있을 거예요.

이 '체감온도'는 바람의 세기에 따라 달라져요. 바람이 세게 불면 더 춥다고 느껴지고 바람이 별로 안 불면 기온이 낮아도 그리 춥지 않게 느껴져요.

바람의 속도가 초속 1m씩 빨라질 때마다 사람의 체감 온도는 1도에서 1.5도 정도가 낮아진다고 합니다.

미로운 숫자 대통령과 숫자

미국 역사상 최고의 대통령으로 꼽히는 사람은 '에이브라함 링컨'입니다. 남북 전쟁을 승리로 이끌며 노예들을 해방시켰죠.

그리고 '존 F 케네디'도 미국 사람들이 좋아하는 대통령 가운데 한 명입니다. 젊은 나이에 대통령이 되어 미국을 훌륭하게 이끌었으니까요.

그런데 이 두 대통령은 안타깝게도 모두 암살되었습니다. 게다가 묘하게 서로 숫자와 얽혀 있답니다.

링컨이 대통령이 된 1860년부터 딱 100년 뒤인 1960년에 케네디 대통령이 당선되었습니다.

링컨을 암살한 '부스'는 1839년에 태어났고, 케네디를 암살한 '오스와일드'는 1939년에 태어났어요. 부스와 오스와일드 모두 열 다섯 글자의 이름을 가지고 있습니다.

링컨(Lincoln)과 케네디(Kennedy) 모두 이

흥미로운 숫자

름이 일곱 글자이며, 부통령인 엔드루 존슨(Andrew Johnson)과 린든 존슨(Lyndon Johnson)은 모두 열세 글자입니다. 두 부통령이 태어난 것도 딱 100년 차이가 납니다.

 링컨의 비서 이름은 케네디였고, 케네디의 비서 이름은 링컨이었습니다. 두 대통령 모두 금요일에 부인 앞에서 암살되었고, 백악관에서 아들을 잃었습니다.
 링컨 대통령은 포드극장에서 총에 맞아 죽었고, 케네디 대통령은 포드 자동차에서 만든 링컨 차를 타고 가다 총에 맞았어요. 우연이라고 하기에는 두 대통령이 너무 닮았죠?

대통령 후보 예언   504832

1960년 미대통령 선거에 나선 케네디(John Fitzgerald Kennedy)후보와 맞선 상대는 닉슨(Richard Milhous Nixson) 후보였습니다. 케네디라는 이름에 n이 두 개 있는데, 이미 1년 전에 수학자가 다음 대통령은 이름에 같은 글자를 두개 갖은 후보가 될 것이라고 예언했다고 해요.
 1800년에 당선된 '제퍼슨', 1840년의 '해리슨' 대통령 이름에도 중복되는 영문자가 있어 수학자가 그 규칙을 따져서 예측한 것입니다.

발견숫자 25 666

흐윽, 이럴 수가! 나의 유일한 특기인 그림 실력을 뽐낼 기회가 왔다고 좋아라 했더니,

허걱! 하필이면 접수 번호가 666이라니!

같이 접수한 친구들도 내 번호를 보더니 역시 화들짝 놀랐다.

"호~ 악마의 숫자다. 이건 분명히 불길한 징조야."

"악마의 숫자?"

"그래, 왜 지구의 종말이 올 때 이마에 666이라고 찍힌 악마들이 돌아다닌다잖아."

이 일을 어쩌면 좋은가! 물론 이런 것에 연연하는 게 바보 같은 줄은 알지만 사람 기분이라는 게, 이왕이면 다홍치마라고 777같은 행운 숫자면 좋지 않을까?

내가 인상을 찡그리고 있으니까 같이 간 친구가 히죽히죽 웃으면서 말했다.

"핑계거리 좋잖아. 상을 타면 악마의 숫자를 이긴 거고, 상을 못 타면 접수 번호 탓을 하면 되니까."

"뭐시라?"

그럼 나하고 번호 바꿀래?

유대인이 가장 좋아하는 숫자는 7과 12입니다. 7은 하나님의 숫자라고 하고 12는 완전함을 뜻한다고 해요.

그런데 6은 7에 하나 모자라는 숫자이며 완전한 수 12를 둘로 나눈 수이기 때문에 불길하고 불안정한 숫자로 여깁니다. 그 불길한 숫자가 세 개나 겹쳐 있으니 유대인에게 666은 아주 기분 나쁜 숫자이죠. 흔히 악마의 숫자를 666이라고 합니다.

또한 로마 시대에 기독교인들을 괴롭힌 네로 황제를 히브리어로 쓰면 네론 카사르(nron ksr)인데 이를 ABC에 각각 아라비안 숫자를 붙여 문자를 숫자로 표시하는 '게마트리아'로 풀면 666이라는 숫자가 나온다고 해요. 우연히도 히틀러 역시 이 게마트리아로 계산하면 666이 나온다고 합니다.

그러니 선량한 사람들을 괴롭히고 세상을 멸망으로까지 몰고 간 사람들을 악마의 자식이라고 생각하고 그 이름이 666이라는 숫자로 나타나므로 자연히 악마의 숫자가 된 것이죠.

참, 컴퓨터 황제인 '빌 게이츠'도 게마트리아로 계산하면 666이 된다고 하니 좀 소름이 끼치죠?

흥미로운 숫자 수의 의미

옛날 사람들은 숫자를 가지고 미래를 점칠 정도로 숫자마다 의미를 두었습니다. 수학자인 피타고라스 역시 수마다 그 뜻을 두었어요.

1은 빛, 행복, 질서를 뜻합니다. 최고, 유일의 뜻으로 신의 숫자로 여겼지요.

2는 어둠, 불행, 무질서를 나타낸다고 했어요. 악마의 수이며, 새해의 첫날인 1월 1일과 정 반대로 2월 2일은 지옥의 날로 여겼습니다.

3은 신성한 숫자 1과 악의 숫자 2로 이루어진 완벽한 숫자로 통합니다.

4는 동양에서는 죽을 사(死)와 발음이 같아 불길한 숫자로 여기지만, 고대 그리스에서는 성스러운 수로 여겼어요. 그 이유는 1, 2, 3, 4 네 개의 수로 10이라는 완전한 수가 만들어지기 때문이죠. 또한 이슬람에서는 4를 신성한 숫자로 생각해요. 마호메트의 후계자인 4명의 칼리프들이 이슬람을 지배한 숫자이기 때문이죠.

5는 동양에서는 음양오행을 나타냅니다. 피타고라스도 여자는 짝수, 남자는 홀수라고 생각했어요. 그래서 1부터 9까지 수 가운데 최초의 짝수인 2가 여성의 수이고, 홀수인 3을 남성의 수라고 생각했습니다. 1은 사물의 기본이 되는 수이고요. 그렇기 때문에 2와 3이

만나서 이루어진 수 5는 조화를 상징했어요.

 6은 신기하게도 물과 관련이 많아요. 눈이나 수정의 결정은 육각형입니다. 깨끗한 물을 육각수라고 하고, 물에 사는 거북이 등에는 6각형의 모양이 있습니다. 그래서 진시황은 천하의 모든 것을 6을 기준으로 했어요. 관의 높이도 6촌, 임금의 말의 수도 6마리, 길의 폭도 6척으로 말이죠.

 7은 모두 알다시피 행운의 숫자예요. 럭키 세븐!

 8도 행운의 숫자로, 바빌로니아에서는 신들의 숫자로, 이슬람교와 페르시아에서는 천국의 숫자로 통합니다.

 9는 달의 숫자입니다. 멕시코에서는 우주에 아홉 개의 하계와 그 위에 중간 세계인 지구가 있다고 믿어요. 그리고 그 위에 또 열세 개의 하늘이 있고, 이 모든 수에다 신성한 수 5를 더하면,
9(우주)+1(지구)+13(하늘)+5(신성한 수)=28이 됩니다. 바로 달의 주기죠.

발견숫자 26 전자계산기와 전화기 버튼의 숫자.

엄마가 세금 계산하는 것을 도와드렸다. 여러 개를 한꺼번에 계산하려니까 내 덧셈 실력으로는 한계가 있어서, 계산기의 도움을 약간 받기로 했다. 엄마가 불러주면 내가 그걸 계산기에 입력해 계속 더하기만 하면 됐다.

처음에는 잘 했다. 정신 없이 움직이는 내 손, 나중에는 숫자를 보지 않아도 척척 버튼을 누르는 내 실력. 크~ 예술이었다.
그런데 중간에 헷갈리기 시작했다. 바로 전화기 때문이다.
"이상하네. 영수증 하나가 없네. 아빠한테 전화 좀 해 볼래?"
"네."

나는 계산하는 중간에 아무 생각 없이 전화기 버튼을 눌렀다. 그런데,
"지금 거신 번호는 결번이오니......."
하고 여자 목소리가 들리는 것이 아닌가! 아차차, 우리 집 전화기는 버튼 식인데 그만, 전화기 버튼을 계산기와 헷갈린 것이다.

아빠와 통화를 한 다음, 다시 계산을 하려고 하는데 조금 전 까지 손이 안 보일 정도로 재빨리 두드리던 내 솜씨가 갑자기 삐걱거렸다.

"어머머, 또 틀렸잖아. 잘 좀 해 봐."
"이상하다. 갑자기 숫자판이 바뀌기라도 했나?"
그래서 가만히 봤더니, 흠. 혹시 전화기랑 계산기 숫자 판이 반대라는 거, 알고 있나?

계산기와 전화기 버튼은 반대?

 버튼식전화기와 전자계산기에 숫자는 한정되어 있습니다. 0부터 9까지 말이죠.
 그런데 두 기계의 숫자판은 다르답니다. 전화기는 위에서 1부터 시작하고 계산기는 반대로 아래에서부터 1이 시작되죠.

 전화기 숫자판은 국제전신전화자문위원회에서 정한 것이라고 해요. 미국의 AT&T사에서 전화기를 만들고 숫자를 어떻게 배열할지 여러 가지 샘플을 만들어 지금의 숫자 배열이 된 것입니다.

 한편 계산기는 국제표준화기구에서 정했어요. 계산을 할 때 가장 많이 사용하는 숫자가 0, 1, 2, 3이라고 해요. 그래서 손에서 가까운 곳인 아래쪽에 두면서 지금과 같이 숫자를 배열하게 되었다고 합니다.

 계산기는 프랑스의 수학자이자 물리학자인 '파스칼'이 0부터 9까지 열 개의 톱니를 가진 바퀴로 덧셈과 뺄셈을 할 수 있도록 만든 것이 그 시초입니다. 그러다가 독일의 수학자 '라이프니츠'가 덧셈, 뺄셈, 곱셈, 나눗셈을 할 수 있는 계산기를 만들었지요.

 현재의 전자식 계산기는 1946년 미국 펜실베니아 대학에서 만든 '애니악'이 탄생한 이후입니다.

터널은 모두 달걀형?

터널은 모두 달걀처럼 위가 동그랗습니다. 네모나 세모 같은 모양이면 더 튼튼해 보일 것 같지만, 역시 곡선에는 무서운 힘이 숨겨져 있답니다.

바로 위에서 누르는 힘을 양옆으로 나눌 수 있다는 점이에요. 터널은 대부분 산에 뚫습니다. 게다가 땅과 가까운 곳에 뚫다보니 터널 위에는 자연히 많은 흙과 나무들을 짊어지게 되죠.
그런데 네모나 삼각형 같은 직선으로 만들면 힘이 모서리에 모여 무너질 위험이 있어요.

터널뿐만 아니라 옛날에는 커다란 성문 위쪽도 모두 둥근 모양으로 되어 있습니다. 이것 역시 성문 위쪽에서 누르는 돌 벽의 힘을 나누어지게 해 그 모양을 유지하기 위해서예요.

발견숫자 27 한상자 다른 갯수

엄마가 연필 한 다스를 사 주셨다.

크크크, 요즘 인기 짱인 게임 캐릭터가 그려진 연필! 나는 좋아서 팔짝팔짝 뛰고 있는데, 곱슬머리 내 동생이 손을 내미는 게 아닌가!

아직 유치원생인데 연필이 뭐가 필요하다고! 아직 색연필 가지고 놀 나이에 말이다.

하지만 엄마가 "반으로 나눠라!"하는 바람에 어쩔 수 없이 절반을 뚝 갈라 주어야했다.

'흠, 어차피 동생은 필요도 없을 텐데 똑같이 반으로 나누는 것은 너무 해.'

나는 어떻게 하면 내가 조금이라도 더 많이 가질 수 있을지 고민하다가, 아항! 나는 동생에게 말했다.

"너 연필 한 상자에 연필이 몇 자루 들었는지 알아?" 나는 슬쩍 연필 한 상자를 보여 주었다.

동생은 하나하나 세어보다가 꽤 많다는 느낌이 들었는지 그냥 "열 개!"하고 말했다. 유치원생에게 가장 많은 건 열 개지, 크크크.

"그러면 열 개의 반이 다섯 개니까 여기, 연필 다섯 자루."

동생은 내가 건네는 연필 다섯 자루를 들고 신이 나서 이리저리 뛰어다녔다.

"녀석, 나한테 속을 때만 예쁘다니까!"

동생이 눈치채면 안되는데...

같은 한 상자라도 물건에 따라 안에 들어 있는 개수가 다르다는 거, 아세요? 연필 한 다스는 열두 자루, 담배 한 갑은 스무 개비처럼 말이죠.

우리가 연필 한 '다스'라고 하는 것은 영어 더전(dozen)을 일본식으로 발음한 것이 익숙해진 것입니다. 연필 한 다스가 열두 자루인 것은 12진법을 사용한 것으로, 12진법에서는 열두 자루를 한 묶음으로 합니다.

고대 그리스와 로마에서는 12진법을 주로 사용했습니다. 12진법은 12를 한 묶음으로 생각하고 12가 넘을 때 단위가 올라가는 거예요.

고대 마야인들은 20진법을 사용했고 바빌로니아인들은 60진법을 사용했대요. 그러나 요즘은 대부분의 나라에서 10진법을 사용합니다. 사람의 손이 열 개라서 10진법을 사용하게 되었다고 해요.
하지만 아직도 아프리카에서는 2진법을 사용하는 부족이 있으며, 특히 컴퓨터는 2진법을 사용해요. 전기가 통하지 않는 숫자를 0, 통하는 숫자로 1로 인식하는 거죠.

이러한 진법에 상관없이 평균으로 한 상자를 만드는 경우도 있습니다. 담배의 경우예요. 담배는 스무 개비가 들어있는 것이 주머니에 넣고 다니기에 가장 알맞고, 또 담배를 피는 사람들이 하루에 몇 개 피를 피는지 평균을 낸 것이 스무 개비라고 합니다.

각각 다른 한 묶음들이에요.

한 접은 마늘, 오이, 가지 등 찬거리를 100개로 묶은 것.
한 모숨은 고사리 등 가늘고 긴 것 한 줌. 10모숨은 한 갓.
한 톳은 김 100장.
한 필은 명주, 비단 40자.
한 쌈은 바늘 24개.
한 첩은 한약 한 봉지. 스무 첩이 한 제.
한 손은 조기, 고등어 두 마리.
한 쾌는 북어 20마리.
한 두름은 생선을 짚으로 한 줄에 10마리씩 두 줄.

흥미로운 숫자 전화번호 4자리

사람은 수에 대해 많은 것을 알기는 하지만 눈으로 인식하는데는 한계가 있다고 해요.

☆☆☆

위의 그림을 보면 별이 세 개라는 것은 쉽게 알 수 있을 거예요. 굳이 세지 않아도 휙 보고도 말이에요. 그러면 이건 어떤가요?

☆☆☆☆☆☆☆☆☆

첫 번째 별들처럼 한번에 알기는 어렵죠? 하나 둘 셋 하고 세어야 별이 아홉 개라는 것을 알 수 있습니다.

사람들은 눈으로 숫자를 인식하는데 최대 네 개가 한계라고 해요. 그렇기 때문에 자동차의 번호판과 전화번호의 숫자는 네 자리라고 합니다. 기억하기 편하게 말이죠.

급할 때 사용하는 전화번호 가운데에는 입에 붙기 쉬운 숫자로 하는 경우가 있어요. 이삿짐 센터의 전화 번호 가운데 2424(이사이사)가 많아요. 중고품 가게는 4989(사구팔구) 그리고 8282(빨리빨리)는 뭔가 급한 일을 처리해 주는 곳이라는 느낌이 들죠.

그리고 긴급 전화 번호는 한 자리 작은 세 자리입니다. 더욱 기

억하기 쉽게 말이에요.

112 : 범죄신고
113 : 간첩신고
119 : 화재신고
129 : 구급신고
128 : 환경오염신고
116 : 시간을 알고 싶을 때
131 : 날씨를 알고 싶을 때
　　　(원하는 곳의 지역번호를 앞에 붙이세요)
132 : 법률상담
121 : 수도 고장
123 : 전기 고장

발견숫자 28 마라톤

 많은 운동 경기 중계 방송 가운데, 내가 좋아하는 것은 축구도 아니고 야구도 아니고 농구도 아니다. 마라톤이다. 2시간 동안 뛰기만 하는 게 뭐가 재미있냐고 나를 엉뚱하다고 할지 모르지만, 모르는 소리! 마라톤을 보고 있으면 흥분되는 순간이 얼마나 많은지 모른다.
 특히 마지막에 등수가 바뀌는 순간에는 손에 땀이 날 정도다. 42.195km라는 긴 거리를 오직 자신과 싸우면서 뛴다고 생각하면 마라톤은 인간의 한계를 드러내는 멋진 경기다.

 그런데 **마라톤은 왜 하필 42.195km일까?** 어느 병사가 뛰어온 거리가 그러하다고는 하지만, 그 먼 옛날에 딱 떨어지는 자연수가 아니라 소수로 거리를 잴 수 있는 능력이 있었을까?

거리를 재는 것도 힘들어

 올림픽의 꽃은 마라톤입니다.
 그래서 늘 마라톤 경기는 마지막 날에 열리고, 골인 지점도 대부분 메인 스타디움이죠.
 마라톤의 공식 거리는 42.195km입니다. 마라톤 숫자에는 역사가 숨겨져 있습니다.

 기원전 490년 그리스는 페르시아와 전쟁에서 승리한 한 병사가 마라톤 언덕에서 아테네까지 달려와 '승리했다'는 한 마디를 남기고 숨지고 말았습니다. 그리스는 그 병사를 기념해 마라톤이라는 경기를 만들었고 그것이 지금까지 계속 되고 있습니다.
 그런데 병사가 실제로 뛴 거리는 42.195km가 아니라고 합니다. 정확하게는 알 수 없지만 40km정도였어요. 그래서 제1회 아테네 올림픽부터 7회까지 열리는 동안 마라톤의 거리는 들쑥날쑥이었습니다.

 그러다가 7회 때부터 아예 거리를 정확하게 정하자는 의견이 모아지면서 42.195km가 정해진 것입니다. 제4회 런던 올림픽 때 마라톤 경기의 거리로, 원래는 42km가 채 못 된 거리였는데, 골인 지점을 알렉산더 여왕 앞으로 바꾸는 바람에 약간 늘어나 42.195km가 되었다고 합니다.

흥미로운 숫자 **몸에 숨어있는 숫자**

옷을 살 때 입어 보지 못할 경우가 있잖아요. 그 때 간단하게 입어 보지 않아도 치수를 알 수 있는 방법이 있어요.

미로운숫자

우리 몸은 일정한 비율을 가지고 있습니다.

그 가운데 하나가 손목이에요. 신기하게도 손목 둘레의 두 배는 목둘레와 같답니다. 그리고 목둘레의 두 배는 허리 둘레와 같고요. 그러니까 바지나 치마를 그대로 목에 둘러보면 대충 허리 둘레와 비교할 수 있죠.

또 팔이 접혀지는 부분에서 손목까지 길이는 놀랍게도 발 길이와 거의 같습니다. 두 팔을 쫙 벌린 길이는 자신의 키와 같고요.

그리고 우리 몸과 자연의 숫자도 비슷한 것이 많아요. 갈비뼈가 한쪽이 열두 개인 것은 1년의 열두 달과 같고, 갈비뼈를 모두 합한 24는 24절기와 딱 들어맞아요. 체온의 적정 온도가 36.5도 인 것과 일년이 365일인 것을 보면, 우연치고는 꽤 재미있죠?

발견숫자 29 카메라 조리개

옛날에는 사진을 찍으려면 몇십 분을 꼼짝 말고 그대로 멈춰 있어야 했댄다. 으~ 차라리 그림을 그리지. 가만히 있다가 셔터가 눌러지는 그 순간 재채기를 하거나 눈을 깜박였다면 얼마나 속상할까?

세월이 흘러 찰칵 사진을 찍을 수 있게 되었는데 밝고 어두운 것에 따라, 특히 야외에서는 날씨에 따라 조리개를 조절해 주어야 했댄다. 초점도 찍을 때마다 맞춰야 하고. 정말 사진 한 장 찍는 게 쉬운 일이

아니었을 거다. 조리개를 잘못 조절하면 하얗게 나오기도 하고 아니면 흐릿하게 나오기도 했을 테니까.

그리고 자동카메라! 우와, 그냥 셔터만 누르면 되는 거다. 자동카메라가 나오면서부터 누구나 쉽게 사진을 찍을 수 있게 된 거 같다. 나도 가족들 사진을 제대로, 멋지게 찍을 수 있으니까. 하지만 아무리 사진 찍기가 쉬워졌다고 해도 필름 카메라의 단점은 사진을 현상해야만 볼 수 있다는 거지.

그에 반해 디지털 카메라는 얼마나 편한지 모른다. 보이는 장면 그대로 사진이 찍혀 나오고, 바로 확인할 수 있고, 저장할 수 있는 사진이 많고.

이렇게 간단한 찍을 수 있는 사진을 요즘도 조리개에 숫자가 복잡하게 적힌 무거운 수동 카메라로 찍는 건 왜일까?

경찰은 수동 카메라만 쓴다

　요즘은 디지털 카메라를 사용하는 사람들이 많아져서 필름 카메라는 한쪽으로 밀려난 느낌입니다. 필름 카메라 가운데에도 초점을 맞출 필요가 없는 자동카메라가 있어서 누구나 사진을 쉽게 찍을 수 있지요.
　자동카메라가 나오기 전에는 사람이 하나하나 조리개를 움직여 초점을 맞추고 사진을 찍었습니다. 불편하기는 해도 최고의 사진을 얻을 수 있기 때문에 아직도 작품 사진을 찍을 때는 수동 카메라를 많이 찍는 편입니다.

　카메라 렌즈는 사람의 눈과 비슷합니다. 우리가 빛이 많은 곳에서는 동공이 작게 열리고 어두운 곳에서는 동공이 많이 열리는 것처럼, 카메라도 빛의 양에 따라 조리개를 조절해야 합니다.
　이 조리개 값을 'F수'라고 부르는데, 수동카메라 렌즈 바깥에 '1.4, 2, 2.8, 4, 5.6, 8, 11, 16' 등과 같은 숫자가 적혀있어요. 이 숫자는 조리개가 열린 정도를 나타냅니다.
　그렇다면 왜 1, 2, 3처럼 간단한 숫자가 아니라 위와 같이 자연수와 복잡한 소수 등이 섞인 숫자를 사용하는 걸까요?
　조리개 값을 한 단계 늘리면 렌즈를 통해 들어오는 빛의 양은 딱 반으로 줄어들어요. 다시 말해 빛이 들어오는 부분의 면적이 반이 됩니다. 조리개 값이 2일 때는 1.4일 때 보다 빛이 반으로 줄어 들어옵니다. 그래서 맑은 날에는 조리개 값을 11, 16 등으로 크게 하고, 흐리면 4나 5.6으로 작게 맞추어 빛의 양을 조절하면 돼요.
　조리개는 원입니다. 빛의 양이 반이 되려면 원의 넓이가 반이 되어야 해요. 원의 넓이를 구하는 값이 '반지름×반지름×3.14'라는 것은 알고 있죠? 그 원의 넓이가 반이 되려면 반지름은 √2(약 1.4)배 줄어야 합니다. 반지름×반지름은 반지름의 제곱과 같습니다. 제곱인수를 제곱되지 않았을 때의 수로 나타내려면 √ 를 사용해야 해요.

 첫 번째 1.4는 √2의 근사값입니다. 두 번째는 √2를 두 번 곱한 값 2, 세 번째는 √2를 세 번 곱한 것의 근사값, 그렇기 때문에 조리개의 숫자는 소수가 되는 것입니다.

 경찰에서 현장 사진을 찍을 때는 사소한 증거까지 놓치지 않으려고 보다 정확하고 깨끗한 사진을 찍습니다. 요즘은 디지털 카메라를 이용하기도 하지만, 변하기 쉽고 무엇보다 법정 증거 사진으로 제시할 수 없기 때문에 아직은 수동카메라로 현장 사진을 많이 찍는 편입니다.

 이 때 조리개를 5.6에 놓고 촬영해요. 그 이유는 첫째, 조리개를 이리저리 다르게 하면 자칫 다른 물건으로 볼 수 있기 때문입니다. 같은 장소, 시간이라고 해도 조리개에 따라 느낌이 달라질 수 있답니다. 또 수백 장을 찍어야하는 현장 사진에서 그 때마다 최고의 조리개로 바꿔가며 찍는다면 시간도 많이 걸리게 되구요. 그래서 가장 무난하게 촬영할 수 있는 조리개 값인 5.6에 맞춰 두고 사진을 찍는 것입니다.

 또 다른 이유는 확대를 하기 쉽다는 것이에요. '범인은 현장에 다시 온다' 는 말처럼 경찰이 현장 조사를 할 때 모여든 구경꾼 가운데는 범인이 섞여 있는 경우가 많대요. 그렇기 때문에 때로는 사진을 확대해야만 하는데, 사진을 확대를 해도 사람 얼굴이 비교적 선명하게 나오기 때문에 조리개 값을 5.6에 놓고 찍는다고 합니다.

흥미로운 숫자 영화 필름

영상기는 에디슨의 발명품입니다. 에디슨이 없었다면 재미있고 감동적인 영화를 보기 힘들었을지도 몰라요.

에디슨이 영사기를 만들 때 필름을 35mm로 만들었습니다. 뭐 특별한 뜻이 있었던 것은 아니고 단순히 '절약'을 위해서예요.

하나의 발명품이 완성되기까지 많은 실패를 거듭해야 합니다. 에디슨 역시 처음부터 뚝딱하고 물건을 만든 것이 아니라 셀 수

없이 많은 실패를 겪어야했어요. 그러다 보니 필름이 많이 필요했고, 당시 미국에서 판매되는 이스트만 코닥사의 필름은 70mm로 아주 비쌌습니다. 에디슨은 그 비싼 필름을 반으로 갈라 사용했고 그렇게 완성된 것이 35mm용 영사기입니다.

그 후에 영사기가 완성된 후 에디슨은 이스트만 코닥사에 필름을 주문했는데, 역시 35mm필름이라고 해요.

흔히 16mm 영화, 35m 영화라고 하는 것은 바로 이 필름의 폭을 말해요.

주로 가정용 캠코더의 필름은 8mm, 그리고 저예산 영화나 학생영화, CF나 뮤직비디오에 가끔 16mm필름이 사용됩니다.

숫자없이도 나이를 말할수 있다

옛날에는 나이를 숫자가 아닌 뜻이 담긴 말로 표현했습니다. 나이가 들어가면서 삶의 지혜를 얻고 그 나이에 맞는 처세를 할 수 있는 딱 어울리는 나이의 이름을 붙여준 거죠.

열다섯 살이면 학문에 뜻을 두어야 한다고 해서 '지학(志學)'이라고 했습니다. 그리고 스무 살에는 관을 써야 한다고 해서 '약관(弱冠)'이라고 했어요.

서른 살에는 자신의 인생관을 세워야 한다는 뜻에서 '이립(而立)', 마흔 살은 어떠한 유혹에도 쓰러지면 안 된다고 해서 '불혹(不惑)'이라고 했고, 쉰 살이 되면 자기가 세상에 태어난 하늘의 뜻을 알아야 한다고 해서 '지명(知命), 지천명(知天命)'이라고 했습니다.

예순 살이 되면 남이 무슨 말을 하든지 순하게 받아들여야 한다고 해서 '이순(耳順)'이라고 합니다. 예순 한 살은 자기가 태어난 해로 돌아간다고 해서 회갑(回甲) 또는 환갑(還甲)이라고 불러요.

일흔 살은 마음가는 데로 행동해도 어긋나지 않는다고 해서 '종심(從心)', 여든 여덟 살은 '미수(米壽)'라고 합니다. 쌀 미(米) 자를 보면 위에 팔(八) 자가 거꾸로 있고 가운데 십(十), 그리고 그 아래에 또 팔(八)자가 있어서 '팔십 팔'이라는 숫자가 되는 것입니다.

아흔 아홉은 백수(白獸)라고 해요. 그렇다고 놀고먹는 백수가 아니라 백(百)에서 하나가 모자란다고 해서 위의 한 일자를 뗀 백(白)을 사용해요.

피타고라스 학파의 오각형

　피타고라스는 잘 알려진 수학자이기도 하지만, 사이비 종교 집단의 교주이기도 했어요. 늘 별 모양의 왕관과 망토를 하고 다니며, 비밀 종교 의식을 했다고 합니다.

　제자들에게 '콩을 먹지 마라!' '고기를 먹지 마라!' '모닥불을 쑤시지 마라' '결혼하지 마라' 등등 터무니없는 것을 강요하기도 했대요.

그리고 피타고라스 학파 사람들은 모두 오각형의 배지를 달았습니다. 학생들은 오직 자와 컴퍼스만을 이용해서 정오각형 그리는 방법을 연구했는데, 사실 각도기를 이용하지 않고 정오각형을 그리는 방법이 쉽지는 않았어요.

　그렇지만 힘들게 그 방법을 알아 낸 학생들은 매우 기쁘고 자랑스러워 정오각형 안에 별 모양을 그려 넣은 배지를 만들었다고 합니다.

　정오각형의 꼭지점을 대각선으로 서로 연결하면 별 모양이 그려져요. 오각형 안의 별은 아주 안정감이 있고 아름답게 보인답니다.

메 모

발견숫자 31 우편번호

　요즘은 이메일을 보내는 경우가 많지만, 나는 크리스마스 카드는 직접 우편으로 보낸다.
　물론 이메일로 보내는 게 돈도 적게 들고 빠르기는 하지만, 그래도 우표가 붙은 카드를 받는다는 건 가슴 설레는 즐거움이기 때문이다.
　같은 반 친구는 물론 다른 반 친구들, 전학을 간 친구들에 친척들까지 전부 다 하면 스무 통이 넘는다.

정성껏 카드를 고르고 편지를 쓰고 우표를 붙이고. 귀찮다고 할지도 모르지만 카드를 받고 좋아할 친구들의 얼굴을 생각하면 나도 기분이 좋아진다.

그런데 단 한 가지. 우편 번호를 적는 것이 조금 번거롭다. 그래서 우체국에 가서 우표를 붙이면서 슬쩍 우체통에 넣으려고 했다. 그 때, 어떻게 알았는지 우체국 아저씨가 나를 보고 말했다.
"우편번호는 다 썼겠지?"
허걱! 그 말을 듣고 도저히 카드를 우체통에 그냥 넣을 수가 없었다. 그래서 하나하나 주소를 확인하면서 우편번호를 적어야만 했다.

휴, 무슨 우편번호가 이리도 많은지. 도대체 우편번호에는 무슨 뜻이 있는 걸까?

메 모 504832

그냥 내 마음대로 적어?

하루에 우체국으로 들어오고 또 각 주소지로 배달되는 우편물은 아주 많습니다. 그것들을 각 지역별로 분류해야 하는데 주소를 하나하나 확인하다보면 시간이 아주 많이 걸려요.

하지만 우편번호만 보면 분류도 쉽고 기계로 자동 분류할 수 있어서 일도 빨리 진행되고 배달도 빨라질 수 있습니다. 왜냐하면 우편번호는 우편물을 분류하기 쉽도록 지역마다 정해 놓은 고유번호이기 때문이에요.

1961년에 서독에서 처음 시작했는데 그 뒤에 미국과 유럽 그리고 아시아로 퍼져 현재는 많은 나라에서 실시하고 있어요. 우리나라는 1970년 7월부터 우편번호를 사용하고 있습니다.

처음에는 다섯 자리였는데 1988년에 여섯 자리로 바뀌었어요. 첫째자리는 특별시, 광역시를 비롯해 어느 도인지를 나타내는 것이고 둘째 자리는 지역권. 세째 자리는 시, 군, 구. 그리고 나머지는 읍, 면, 동 또는 사서함을 나타냅니다. 그러니까 주소를 보지 않아도 우편번호만 보면 어디로 가야하는 우편물인지 동까지 알 수 있는 거죠.

명절에 숨은 숫자

우리 조상들은 음양사상에 따라 음수인 짝수보다는 양수인 홀수를 더 좋아했어요. 그래서 홀수가 겹치는 날은 양기가 가득하다고 해서 생명에 찬 날로 여겼어요. 그렇기 때문에 우리 고유 명절에는 1, 3, 5, 7, 9처럼 홀수가 겹친 날이 많아요.

또 죽은 사람 장사날 수도 3일장, 5일장, 7일장, 밥상도 3첩, 5첩, 7첩, 9첩, 집도 3칸, 5칸, 7칸 등으로 대부분 홀수를 주로 사용했습니다.

1월 1일은 모두가 아는 설날입니다.

3월 3일은 삼짇날로, 새 봄을 맞이하는 행사가 삼국시대부터 있었어요. 약수를 마시며 1년 동안 무병장수를 기원하기도 했죠.

5월 5일은 단오절로 남자들은 씨름을 하고 여자는 창포를 우린 물로 머리를 감는 날이에요.

7월 7일은 칠석으로 견우와 직녀가 만난다는 전설이 신라시대부터 내려오고 있어요.

9월 9일은 중양절로 성을 밟으며, 여성들이 머리에 돌을 이고 다니면서 무병을 기원하기도 합니다.

발견숫자 32 일기예보

"우산 가지고 가!"

"싫어요. 30%밖에 안 되는데 뭘."

아침에 날씨가 꾸리꾸리하면 우산을 들고 가라는 엄마와 싫다는 나와 작은 신경전이 벌어진다. 비 맞으면 감기 든다, 옷 버린다 하지만 에고~ 이 무거운 책가방에 우산까지 더할 필요가 뭐가 있냐고요.

그런데 옛날에는 일기 예보가 '오늘은 비가 옵니다' '안 옵니다' 그렇게 간단했다고 하던데, 요즘은 왜 이렇게 복잡해진 걸까. %로 하니까 가끔 헷갈릴 때가 있다.

30%라고 하면 비가 올 확률이 분명 적은 건데 가끔 비가 올 때가 있다. 혹시 %로 예보를 하는 게 그냥 얼버무리기 위한 게 아닐까?

50%면 어떻게 해야해?

일기예보를 하는 방법은 크게 두 가지가 있습니다. '카테고리 예보'와 '확률예보'라는 거예요.

카테고리 예보는 '맑음' '흐림' '한 때 비' 이런 식으로 몇 가지 형태로 나누어 단정을 하는 예보입니다. 확률예보는 '비가 올 확률은 몇 %입니다' 식으로 확률로 날씨를 예보하는 거죠. 우리 나라도 예전에는 카테고리 예보를 하다가 지금은 확률예보를 하고 있습니다.

확률예보는 말 그대로 확률이에요. 비가 올 확률이 30%라는 것은 예전에 현재와 같은 날씨에서는 비가 온 것이 100번 가운데 30번이라는 거예요. 마치 주사위를 던져서 3이 나올 확률이 6분의 1이라는 것처럼 말이죠. 그러므로 비올 확률이 높다는 것은 지금까지 같은 날씨에서 비가 많이 왔다는 뜻입니다.

그런데 비올 확률이 30%라고 하면 비가 온다는 건지 만다는 건지 헷갈릴 거예요. 예전처럼 비가 온다, 안 온다는 식이 아니라 스스로 결정을 내려야 하니까요.

만약 비가 약간 오는 것쯤은 신경 쓰지 않는다면 30% 확률은 가볍게 넘길 수 있지만, 비 맞는 것을 신경 쓰인다면 우산을 챙기는 것이 좋습니다.

일기예보는 온도, 습도, 바람, 기압 등 많은 데이터를 종합 분석해서 이루어집니다. 지금은 슈퍼컴퓨터가 있어서 예보를 하는 시간이 점점 짧아지고 있지만, 예전에는 사람들이 하나하나 계산했기 때문에 꽤 많은 시간을 자료 분석하는데 매달렸다고 해요.

재미있는 숫자마술

친구네 전화번호를 알아 맞추는 마술

친구네 전화번호를 알아 맞추는 마술이에요. 숫자가 복잡하고 커지기 때문에 계산기가 있는 것이 좋아요.

재미있는 숫자마술

1. 친구에게 계산기에다 전화번호의 국번에 250을 곱하라고 하세요.
 만약 전화 번호가 123-4567이라면,
123×250=30750

2. 1.에서 나온 답에 다시 80을 곱합니다.
30750×80=2460000

3. 그리고 전화번호 뒷자리를 두 번 더하라고 하세요.
2460000+4567+4567=2469134

4. 자, 이번에는 전자계산기를 돌려 받고, 나온수를 2로 나누세요.
그러면? 바로 친구 전화번호가 됩니다.
2469134÷2=1234567

발견숫자 33 밥상 위의 숫자

"밥상에서 뱀 나오겠다."

저녁상을 받으신 우리 아빠의 말씀. 호호, 하긴 내가 봐도 그렇다. 김치 두 가지에 나물 두 가지 그리고 김에 된장찌개니 뱀이 기어다닐 만도 하다.

하지만 아빠, 지나친 고기는 비만을 불러온다는 사실! 채식도 괜찮은 거라고 생각한다. 요즘 아빠의 예쁜 딸이 다이어트 중이니까.

아빠가 투덜대자 엄마가 밥공기를 가리키며 말했다.

"변변하지 않게 보이겠지만 다 우리 가족 건강을 위해서라고요. 밥도 건강에 좋게 여러 가지 잡곡을 섞었어요. 한 대여섯 가지 될 걸요? 발아현미에 콩, 수수, 보리......."

"알았어, 알았어. 완전히 걸인의 찬에 왕의 밥이군. 반찬값보다 잡곡값이 더 들겠어. 에휴, 그래도 반찬이 이게 뭐야. 수랏상은 아니더라도 5첩 반상 정도는 돼야지."

5첩반상이라....... 흠, 그건 또 뭘 말하는 걸까?

도대체 숫자는 언제 어디서나 불쑥 튀어나온다니까?

5첩 반상이라니요?

우리 고유 상차림은 반찬 수에 따라 이름을 달리 했습니다. 3첩반상, 5첩반상, 7첩반상, 12첩반상 이렇게 말이에요.

'첩' 이라는 말은 접시를 가리키는 말이고 앞에 붙는 숫자는 반찬 수를 가리킵니다.

그러니까 3첩반상이라면 반찬이 세 가지, 5첩반상은 다섯 가지 그렇게 되는 거죠.

그렇다고 간장, 고추장, 된장 세 가지를 놓고 3첩반상이라고는 하지 않았어요. 반찬도 그 가짓수에 들어가는 게 있고 안 들어가는 게 있습니다.

밥상의 기본은 밥, 국이나 탕 또는 찌개, 김치, 종지 두 개입니다. 거기에 조리법이 겹치지 않게 하고 같은 재료가 중복되지 않도록 반찬을 해서 가지수를 늘려갔어요.

3첩반상은 기본적인 밥, 국, 김치, 장 외에 세 가지 반찬을 내는 밥상이에요. 숙채나 생채 하나에 구이 하나 장아찌 하나, 그렇게 해서 세 가지 반찬을 말합니다.

5첩반상의 경우는 생채와 숙채, 전과 마른반찬에다가 조림이나 구이 가운데 한 가지가 들어가 모두 다섯 가지 반찬이 됩니다.

7첩반상은 생채 숙채에 구이, 조림, 마른반찬, 전, 회를 차려 놓습니다. 그리고 기본에 찌개가 하나 더 올려지고요.

12첩반상은 임금님 수랏상입니다. 수랏상은 왕과 왕비가 같이 받는데, 한 상을 같이 받는 것이 아니라 따로따로 상을 받습니다. 그리고 시중을 드는 수라상궁이 각각 세 명이나 되었습니다.

파로운숫자 일주일은 7일

사람들은 태양의 움직임을 관찰해 1년이 365일인 것을 알았습니다. 그리고 달의 주기로 한 달을 가늠했지요.

일주일이 7일이 된 것에 대해 몇몇 의견이 있는데, 먼 옛날 서아프리카에서는 4일, 이집트와 그리스에서는 한 달을 삼등분 해 10일, 로마에서는 9일마다 장을 열었대요.

그래서 그 기간을 '일주일'이라는 단위로 삼지 않았나 하고 학자들은 추측하고 있습니다.

또는 고대 바빌로니아인들이 7을 신성한 숫자로 생각하고, 옛날에는 하늘에 일곱 개의 천체가 있다고 생각했으며, 유태교의 안식일 의식에서 일주일을 7일로 삼게 되었다고 합니다.

그 가운데 천체의 숫자와 요일을 정했다는 것은 조금 믿음이 가는 점이 있어요. 월화수목금토일이라는 영어는 하늘에 떠 있는 해, 달, 수성, 금성, 화성, 목성, 토성 또는 신화 속 신의 이름에서 따온 것들이니까요.

지금은 일주일이 7일이라는 것이 명백한 사실이지만 1792년 프랑스에서는 10진법을 따라 일주일을 10일로 삼기도 했어요. 하지만 나폴레옹이 이를 폐지했고 1929년 소련에서는 1주일을 5일, 1932년에는 6일로 하자고 했지만 실패했다고 해요.

발견숫자 34 국가번호

　엄마가 고모 댁에 가셨는데, 옆집 아줌마가 뭐 좀 물어볼 것이 있다고 급하게 전화 좀 해 달라고 하셨다.
　나는 전화번호를 적어 둔 수첩에서 고모댁을 찾아 전화를 걸었다. 그런데 고모가 아닌 이상한 사람이 받는 게 아닌가?
　"죄송합니다. 전화를 잘못 걸었습니다."
　정중하게 사과를 하고 다시 번호 하나하나를 확인하고 걸었는데, 허걱! 또 잘못 걸고 말았다. 이상하다. 전화 번호가 바뀌었나?
　그런데 옆집 아줌마가 갑자기 생각난 듯이 말했다.

"어머, 얘. 너희 고모댁이 일산이잖아. 그러면 경기도니까 031 지역번호를 붙여야지."

아줌마 말을 듣고 031을 붙여서 전화를 걸자 그제야 고모가 전화를 받고, 엄마와 통화를 할 수 있었다.

바보, 지역 번호를 까먹다니.

아줌마가 다녀가신 후 나는 동생이랑 같이 비디오 영화를 보았다. 그런데 주인공이 전화를 거는 장면에서 놀랍게도 우리집 전화 번호를 누른 게 아닌가!

동생도 깜짝 놀라서 물었다.

"형, 저거 우리 집 전화번호잖아. 그러면 저 주인공이 우리 집에 전화 한 거야?"

쩝, 아무리 어린애지만 몰라도 너무 모른다.

"아니야. 저건 그냥 거는 시늉만 하는 거야. 그리고 지역 번호인 02를 누르지 않았고 국제 전화를 걸려면 00*도 눌러야 해."

"아~. 그렇구나."

그런데 정말, 00*와 지역번호를 눌렀다면 영화 속의 전화가 우리집으로 걸려 왔을까?

번호가 겹치는 나라는 없는거야?

국제 통화를 걸려면 각 나라의 국가 번호를 앞에 붙여야 합니다.

이 번호는 한 자리에서 세 자리까지 있는데, 캐나다와 미국, 카리브 연안 국가와 러시아, 카자흐스탄은 한 자리입니다.

국가 번호가 두 자리인 번호는 세 자리 국가 번호와 겹치지 않아요. 예를 들어 우리 나라 번호는 82번인데, 82로 시작되는 나라는 없는 거예요.

간혹 국가 번호가 똑같은 경우가 있어요. 미국하고 캐나다처럼 말이에요. 하지만 지역번호를 서로 겹치지 않게 쓰기 때문에 헷갈릴 염려는 없습니다. 뭐, 마치 시외전화를 걸 듯이 국제 전화를 건다고 생각하면 돼요.

재미있는 숫자마술
친구생일 맞추기

이 마술은 상대방이 몇 살이고 몇 월에 태어났는지를 알 수 있는 마술입니다.

1. 상대방에게 태어난 달에 2를 곱하라고 하세요.
예를 들어 5월 10일에 태어난 12살 된 사람이라면 5월에 태어났으니까, $5 \times 2 = 10$

2. 1번에서 구한 값에서 5를 더하라고 하세요.
$10 + 5 = 15$

3. 이번에는 2번에서 구한 값에 50을 곱하라고 하세요.
$15 \times 50 = 750$

4. 구한 값에 나이를 더하라고 하세요.
$750 + 12 = 762$

5. 그리고 마지막으로 250을 빼라고 하세요.
$762 - 250 = 512$

6. 5에서 구한 값의 앞의 수는 태어난 달이고 뒤 수는 나이예요.
그러니까 5월에 태어난 12살이라는 거죠.

재미있는 숫자디자인

$1 \times 8 + 1 = 9$

$12 \times 8 + 2 = 98$

$123 \times 8 + 3 = 987$

$1234 \times 8 + 4 = 9876$

$12345 \times 8 + 5 = 98765$

$123456 \times 8 + 6 = 987654$

$1234567 \times 8 + 7 = 9876543$

$12345678 \times 8 + 8 = 98765432$

$123456789 \times 8 + 9 = 987654321$

$9 \times 9 + 7 = 88$

$98 \times 9 + 6 = 888$

$987 \times 9 + 5 = 8888$

$9876 \times 9 + 4 = 88888$

$98765 \times 9 + 3 = 888888$

$987654 \times 9 + 2 = 8888888$

$9876543 \times 9 + 1 = 88888888$

$98765432 \times 9 + 0 = 888888888$

재미있는 숫자디자인

$1 \times 9 + 2 = 11$

$12 \times 9 + 3 = 111$

$123 \times 9 + 4 = 1111$

$1234 \times 9 + 5 = 11111$

$12345 \times 9 + 6 = 111111$

$123456 \times 9 + 7 = 1111111$

$1234567 \times 9 + 8 = 11111111$

$12345678 \times 9 + 9 = 111111111$

발견숫자 35 보석속에 숨은 숫자

"김중배의 다이아몬드가 그렇게도 좋더냐~."
 할머니와 엄마 아빠, 그리고 나는 악극을 보러갔다.
〈이수일과 심순애〉.

크~ 내가 고른 작품은 아니었다. 할머니를 위한 가족 나들이였지.
 작년에도 본 거라 다 아는 내용인데도 할머니는 아주 재미있어 하셨다. 김중배의 간사함에 "저런 못된 놈!"하시고, 이수일과 심순애의 슬픈 사랑에 "에그에그!"하며 안타까워하시고, 눈을 무대에서 떼지 못하고 푹 빠져 보시더라고.
 난 별로 재미도 없고 지루하던데 말이다.

 몸을 이리 꼬고 저리 꼬고 하다가 문득 이런 생각이 들었다.
 '도대체 김중배는 얼마나 큰 다이아몬드로 심순애 마음을 사로잡았을까?'
 잘은 모르지만 어른들이 하는 소리로 다이아몬드 몇 부, 몇 캐럿 그러는 것 같았는데…….
과연 김중배의 다이아몬드는 몇 캐럿이었을까?

 잠깐! 다이아몬드 말고 금! 금도 비싸지. 그런데 다이아몬드는 몇 부, 몇 캐럿 그렇게 따지지만 금은 몇 돈, 몇 냥이라고 하는데……. 그리고 14K니 18K니, 금은 K라는 단위도 사용하잖아.
 호~ 왜 그런 걸까?

다이아몬드의 크기는 어떻게 잴까?

금과 보석은 그 무게를 나타내는 방법이 달라요.

우선 보석은 200mg을 1캐럿으로 합니다. 그 전에는 나라마다 조금씩 달랐는데, 1907년 제4회 국제도량형총회에서 200mg으로 통일했죠. 기호는 'ct(또는 car)'로 합니다. 보석 가운데에도 비취는 무게가 거래의 단위가 될 수 없기 때문에 캐럿을 사용하지 않고, 진주의 경우도 캐럿이 아닌 '그레인(64.8mg)'을 단위로 사용하고 있어요.

한편 금은 1캐럿이 1.296g입니다. 14K, 18K라고 할 때 K는 금의 순도를 나타내는 '캐럿(Karat)'의 약자입니다. 순금은 24캐럿으로 보통 24K라고 표시해요. 그러니까 금에 다른 금속을 섞은 정도를 나타낸 것이 18K, 14K입니다.

금은 다른 금속에 비해 조금 무른 느낌입니다. 올림픽에서 금메달을 딴 선수들이 장난스럽게 메달을 입으로 깨물어 보는 장면을 많이 봤을 거예요. 물론 금메달이 순금은 아니지만 '금'은 치아로 꽉 깨물면 움푹 들어갈 정도로 무르기 때문에 그러한 장면을 연출하는 것입니다.

이렇듯 순금은 모양도 쉽게 변하고 또 마찰에 의해 깎여 나가기도 해요. 또 빛깔도 탁하기 때문에 액세서리로 만들기 쉽지 않습니다.

그래서 **금에다 다른 금속을 섞어 좀 더 단단하고 반짝이는 액세서리로 만들어요. 그 비율에 따라 14K, 18K가 됩니다.**

24K는 물론 100% 순금이고, 18K는 전체 무게 가운데 24분의 18이 순수한 금이고 나머지가 다른 금속이 섞여있는 거예요. 14K는 24분의 14 정도가 섞여 있다는 뜻입니다.

또 우리 나라에서는 금을 헤아리는 단위로 '돈', '냥'을 사용하기도 합니다. 1돈은 3.75g으로, 냥은 돈의 10배예요. 그러니까 1냥은 37.5g인 셈입니다.

메 모

재미있는 숫자마술

마음속 숫자 맞추기

친구가 마음 속으로 생각하는 숫자를 간단하게 알아볼 수 있는 숫자마술입니다.

먼저 친구에게 마음 속으로 두 자리 숫자를 고르라고 하세요.
그리고 그 수에 2를 더하고, 다음에 3을 곱하고요. 그 값에서 5를 빼고, 그 다음에 자신이 고른 숫자를 빼라고 하세요.
그런 다음 다시 2를 곱하고 1을 빼서 나온 답이 얼마냐고 물어보세요.
자, 그러면 이제부터 연기에 들어갑니다.
"오호~ 그 숫자가 나왔다는 말이지? 이런 이런, 쉽지는 않아……. 흠, 네가 고른 숫자는!"
그러면서 머리 속으로는 재빨리 암산을 하세요. 친구가 대답한 수에서 1을 빼고, 다시 4로 나누면 친구가 고른 숫자가 됩니다.

예를 들어, 친구가 14를 생각했다고 해요. 그러면,
14+2=16
16×3=48
48-5=43
43-14=29

재미있는 숫자마술

29×2=58

58-1=57

친구는 57이라고 대답했을 거예요. 그러면 57에서 1을 빼고 다시 4로 나누면 답은?

57-1=56

56÷4=14

그래요 14입니다.

이번에는 1부터 9까지 수입니다. 계산이 복잡하니까 계산기가 있으면 좋아요.

친구에게 1에서 9까지 숫자를 하나 마음 속으로 생각하라고 하세요. 그리고 그 수에 9를 곱하라고 하세요.

그리고 그 수에 12345679를 곱하면? 신기하게도 친구가 고른 숫자가 계속 반복된답니다.

예를 들어 3을 선택했다면,

3×9=27

27×12345679=333333333

발견숫자 36 비밀 첩보원들의 숫자

"당신은 누구죠?"
"나? 제임스 본드. 007이오."
크~. 게다가 007은 멋진 미남이다. 머리 짱, 몸짱, 인기짱 세계 최고의 스파이라고 할만하다.

비밀 첩보원, 하면 떠오르는 주인공은 당연히 '007'이다. 영화 속의 주인공, 최고의 영화 배우들이 탐내는 배역에다가 영화에 나온 비밀 장비들은 실제로 만들어졌을 만큼 인기 또한 최고다. 영화 속의 이야기가 단순히 허구만은 아니라는 사실!

그런데 왜 하필이면 007일까? 최고의 비밀 첩보원이라면 넘버 원,
1이라는 숫자가 있는데 말이다.

어라? 그러고 보니 007은 세 자리 숫자잖아? 그렇다면
001부터 999까지 있다는 소리인가?

요원들, 000부터 999까지 집합!

007을 단순히 영화 속 이야기로 여긴다면 잘못 생각하는 거예요. 007은 실제로 있답니다.

영국에는 MI 6이라는 기관이 있는데, 이 곳 요원들에게는 이름이 아니라 특별한 코드 명이 붙여집니다.
00이라는 것은 살인면허를 뜻해요. 임무 수행 중에 어쩔 수 없이 살인을 저지른다면 국가에서 책임을 진다는 뜻이죠.

00 코드 번호를 가진 요원은 지금까지 세 명이 있었대요. 그렇다고 요원 가운데 007이라는 암호명의 요원이 있는지는 알 수 없어요. 비밀 첩보원의 코드명인 것은 확실하지만, 영화에서 7이라는 숫자는 별 뜻 없이 붙여진 거니까요. 어쩌면 서양에서는 7이 행운의 숫자이기 때문이 아닐까요?

어쨌든 007은 말하자면 첩보원인 제임스 본드의 암호명입니다.

재미있는 숫자디자인

12345679 × 9 = 111111111

12345679 × 18 = 222222222

12345679 × 27 = 333333333

12345679 × 36 = 444444444

12345679 × 45 = 555555555

12345679 × 54 = 666666666

12345679 × 72 = 777777777

12345679 × 81 = 999999999

9 × 9 = 81

99 × 99 = 9801

999 × 999 = 998001

9999 × 9999 = 99980001

99999 × 99999 = 9999800001

999999 × 999999 = 999998000001

9999999 × 9999999 = 99999980000001

9999999 × 2 = 19999998

재미있는 숫자디자인

9999999×3=29999997

9999999×4=39999996

9999999×5=49999995

9999999×6=59999994

9999999×7=69999993

9999999×8=79999992

9999999×9=89999991

987654321×1×9=8888888889

987654321×2×9=17777777778

987654321×3×9=26666666667

987654321×4×9=35555555556

987654321×5×9=44444444445

987654321×6×9=53333333334

987654321×7×9=62222222223

987654321×8×9=71111111112

987654321×9×9=80000000001

발견숫자 37 오선지

"오호호! 넌 그것도 못 읽니? 식은 죽 먹기보다 더 쉬운데."
으아! 내 짝, 저 잘난체쟁이.

　오늘도 음악시간에 한방 먹고 말았다. 다른 과목은 나한테 꼼짝도 못하면서 음악 시간만은 역전이 된다.
　그래도 어찌하겠는가. 음악 시험을 보기 위해서는 어떻게든 잘 보일 수밖에.

"에헤헤, 그러지 말고 가르쳐 주라, 응?"

내 짝은 눈을 살풋 내려 깔고 악보를 펼쳤다.

"음악의 기본은 악보야. 악보도 읽지 못하면서 어떻게 노래를 한다고 하니? 이 절대음감의 소유자인 누님이 가르쳐 줄 테니 잘 봐."

으, 악보를 펼친 순간 난 영어나 수학 공식을 볼 때보다 더 머리가 지끈거리고 마치 콩나물들이 줄 사이를 오르락내리락하는 환상을 본다.

그런데 내 짝은 정말 계이름을 척척 대며 음표들의 박자를 손장단으로 치며 잘도 읽는다.

으, 줄이라도 좀 적으면 덜 어지럽겠는데, 악보는 왜 선이 다섯 개씩이나 되는 거야?

메 모

예전엔 줄이 더 많았다고?

오선지를 맨 처음 사용한 곳은 유럽입니다.

원래 악보를 그릴 때는 아무 선도 없었다고 해요. 문자나 기호로 소리의 높낮이와 길이를 나타냈습니다. 단순히 성가를 부를 때 잊어버리지 않도록 표시만 해 둔 거죠.

그러다가 선을 그어 악보를 그리기 시작했는데, 나라마다 달라서 어느 나라에서는 한 개, 두 개 그리기도 하고 어느 나라에서는 선을 여덟 개를 그리기도 했습니다.

음표를 그리기 시작한 것은 13세기인데, 그 때 음표는 지금과 같은 콩나물 모양이 아니라 사각형을 하나나 두 개 이상을 이어 그려 놓은 모양이었다고 합니다.

그러다가 17세기 경 이탈리아에서 악보를 '오선'으로 통일하기로 하고 지금까지 음표는 오선지에 그리고 있습니다.

재미있는 숫자디자인

$1+3=4(2\times2)$

$1+3+5=9(3\times3)$

$1+3+5+7=16(4\times4)$

$1+3+5+7+9=25(5\times5)$

$1+3+5+7+9+11=36(6\times6)$

$1+3+5+7+9+11+13=49(7\times7)$

$1+3+5+7+9+11+13+15=64(8\times8)$

$1+3+5+7+9+11+13+15+17=81(9\times9)$

$1+3+5+7+9+11+13+15+17+19=100(10\times10)$

$9\times9+7=88$

$9\times98+6=888$

$9\times987+5=8888$

$9\times9876+4=88888$

$9\times98765+3=88888$

$9\times987654+2=88888$

발견숫자 38 야구는 왜 9회 까지일까?

연장전에 들어갔으면 어쩔려구?

운동경기에는 나름대로 정해진 규칙이 있습니다. 그리고 승부를 내는 승부점이 있지요. 그것이 시간이 되었든 점수가 되었든 각 운동경기마다 다릅니다.

축구는 전후반 45분, 농구는 10분씩 4쿼터, 배구는 5세트를 기본으로 하고 한 세트마다 21점을 먼저 낸 팀이 이기게 되죠. 골프는 18홀을 돌아야 경기가 끝나고 야구는 9회면 끝이 납니다.

원래 야구는 회와 상관없이 21점을 먼저 얻은 팀이 이기는 경기였어요. 그러다 보니 경기가 언제 끝나는지 종잡을 수가 없었습니다. 강한 팀과 약한 팀이 만나면 경기가 금방 끝나지만 서로 실력을 가리지 못할 정도로 막상막하인 두 팀이 붙으면 경기는 끝이 보이지 않았습니다.

선수들도 지치고, 누구보다 음식을 준비하는 요리사들은 갑갑하기 짝이 없었습니다. 선수들을 위해 최고의 맛을 내기 위해 노력을 해도 경기가 끝나지 않으면 지루하게 계속 기다려야했어요.

견디다 못한 뉴욕 '니커보커' 팀의 요리사를 비롯해 많은 야구팀의 요리사들이 제발 경기가 끝나는 때를 짐작할 수 있도록 경기 규칙을 바꿔달라고 애원하게 되었고, 그 후로 야구는 9회 말에 끝나게 되었습니다.

흥미로운 숫자 기하급수로 늘어나는 수

　옛날에 마음씨 고약한 구두쇠 부자 영감이 있었습니다.
　재산이 많지만, 자기 것만 챙기고 남을 돕지 않는 것은 물론 하인들의 새경*도 제대로 주지 않았어요. 그래서 하인들이 점점 구두쇠 영감의 집에서 나갔습니다.

　그런데 어느날, 한 사내가 구두쇠 부잣집에 찾아와 머슴을 살겠다고 했습니다. 구두쇠는 사내를 이리저리 훑어보며 트집을 잡았습니다.
　"보아하니 그다지 건강한 것 같지도 않고, 힘도 별로 없을 것 같고, 내가 많은 돈을 주면서 부리기엔 손해일 것 같은데. 어쩌나~?"
　그러자 사내는 구두쇠에게 많은 돈은 필요 없다고 했습니다.
　"대신 쌀을 매일 그 전 날의 두 배로 주세요. 오늘 쌀 1톨을 주시고, 내일은 2톨, 그 다음 날은 2톨의 두 배인 4톨, 이렇게요."
　구두쇠는 사내가 겨우 쌀 한두 톨을 달라고 해서 거의 공짜라고 생각했습니다.
　"그러면 한 10년 동안 내 집에서 그렇게 일하게. 분명히 쌀 1톨부터 시작이야. 10년 안에는 절대 우리 집에서 나갈 수 없어."
　구두쇠는 분명히 다짐을 받아들이고 사내를 하인으로 들였습니다.

　그런데 한 달 정도가 지나자 사내는 그 날 일한 값이라며 곳간에서 쌀 한 자루를 가져갔어요. 구두쇠는 얼른 사내의 자루를 빼앗았습니다.

"이 놈이 완전히 도둑놈이구먼! 쌀 한두 톨을 세더니 자루 째 가져가?"

"어르신, 저는 정확하게 계산했습니다. 첫 날 1톨, 둘째 날 2톨, 셋째 날 4톨, 넷째 날 8톨, 다섯째 날 16톨… …10일 째는 512톨… …20일째는 524,288톨… …그렇게 해서 30일 째인 오늘은 536,870,912톨. 맞잖아요."

옆에서 가만히 계산하는 것을 본 구두쇠는 입을 딱 벌렸습니다. 1톨에서 ×2만 했을 뿐인데 30일 만에 쌀 한 자루가 되었으니…. 앞으로 10년 동안 댈 쌀을 생각하니 까마득했습니다.

*새경 - 농가에서 머슴에게 한 해의 품삯으로 연말에 주는 보수.

독서록

| 권 수 | |

기록한 날짜	20 년 월 일 요일 날씨
책 이름		지은이	
읽시작한 날	월 일	다 읽은 날짜	월 일
독서량		페이지		검인